V&R

Handlungskompetenz im Ausland

herausgegeben von
Alexander Thomas, Universität Regensburg

Vandenhoeck & Ruprecht

Katrin Fischer
Sonja Dünstl
Alexander Thomas

Beruflich in Polen

Trainingsprogramm für Manager, Fach- und Führungskräfte

Vandenhoeck & Ruprecht

Die 5 Cartoons hat Jörg Plannerer gezeichnet.

Bibliografische Information der Deutschen Nationalbibliothek

Die Deutsche Nationalbibliothek verzeichnet diese Publikation in der Deutschen Nationalbibliografie; detaillierte bibliografische Daten sind im Internet über http://dnb.d-nb.de abrufbar.

ISBN 978-3-525-49112-6

Satz: Satzspiegel, Nörten-Hardenberg
Druck und Bindung: Hubert & Co., Göttingen

Gedruckt auf alterungsbeständigem Papier.

Inhalt

Vorwort

Im Zuge der EU-Erweiterung ist Polen für Deutschland ein wichtiger Wirtschaftspartner geworden. Die Ansiedlung personalintensiver Produktionseinheiten in Polen sichert vielen deutschen Firmen die internationale Wettbewerbsfähigkeit. Gut ausgebildete polnische Arbeitskräfte erhalten einen gesicherten und nach dem neuesten Stand der Technik ausgestatteten Arbeitsplatz. Dabei ist zu beachten, dass immer weniger Deutsche dauerhaft in den polnischen Niederlassungen arbeiten, sondern eher sporadisch zu Besprechungen anreisen und immer mehr polnische Fachkräfte auf allen Hierarchieebenen die Verantwortung übernehmen. Das angestrebte Ziel dabei ist zweifelsohne, auf gleicher Augenhöhe eng und vertrauensvoll so zu kooperieren, dass beide Partner ihre Ziele erreichen und dies auf einem Wege, der ein hohes Maß an beiderseitiger Zufriedenheit aufweist. Genau das aber ist schwierig, und nicht allein aufgrund der Erfahrungen, die Polen mit Deutschen und umgekehrt gerade in der jüngeren Geschichte gemacht haben, sondern auch wegen kultureller Unterschiede.

Im Verlauf der wechselvollen Geschichte hatten gerade die Polen – im östlichen Teil Europas mitten zwischen zwei Großmächten und deren eigenständigen Interessen gelegen – andere Herausforderungen zu bestehen als die Deutschen, die sich in der Mitte Europas als Großmacht positionierten. Es haben sich zwei unterschiedliche Kulturen entwickelt, die prägend sind für die Werte, Normen, Sitten und Gebräuche bis hin zu den Verhaltensgewohnheiten der Menschen in Polen und in Deutschland. Auch wenn manches auf den ersten Blick gleich oder doch sehr ähnlich anmutet, stellt sich bei näherem Hinsehen heraus, dass nicht zu unterschätzende Unterschiede bestehen.

In einer ersten Begegnung und in den ersten Versuchen, miteinander ins Gespräch zu kommen, ist in der Regel jeder um Freundlichkeit, Rücksichtnahme und Herstellung eines guten zwischenmenschlichen Klimas bemüht. Im Arbeitsleben ist dies sicher auch wichtig, aber gerade dort geht es darüber hinaus um mehr. Es müssen Entscheidungen mit weit reichenden Folgen getroffen, Leistungen bewertet sowie interpersonale und sachliche Konflikte gelöst werden, es gibt Anweisungen, Zuständigkeiten, Verantwortlichkeiten und Absprachen zu befolgen. Erst im Arbeitsalltag und im Lebensalltag werden die kulturell bedingten Verhaltensunterschiede erfahrbar, und zwar in Form von unerwarteten und unverständlichen Handlungsweisen und Verhaltensreaktionen des polnischen oder des deutschen Partners. In solchen Fällen reagieren Menschen mit einem einfachen, aber kurzfristig außerordentlich wirksamen Erklärungsmechanismus: Das abweichende Verhalten wird als vom Partner verursacht interpretiert. Wer zunächst vom unerwarteten Verhalten des Partners irritiert war, hat nun wieder Klarheit und Kontrolle über die Situation und weiß, was zu tun ist.

Unberücksichtigt bleibt dabei allerdings, dass die unerwarteten Verhaltensreaktionen aus Sicht des Partners durchaus sinnvoll waren, weil sie seinem kulturspezifischen Orientierungssystem entsprachen. Die Bezugssysteme, nach denen beide ihre Beobachtungen, Beurteilungen und Verhaltensweisen ausrichten, sind aufgrund kultureller Unterschiede divergent und nicht aufeinander abgestimmt. Zudem verlaufen alle diese Prozesse so automatisiert und selbstverständlich, dass sie keiner bewussten Kontrolle bedürfen.

Eine falsche Beurteilung des Partnerverhaltens und seiner Motive und Absichten lässt sich dann vermeiden, wenn man die kulturspezifischen Bezugs- und Orientierungssysteme kennt: wenn man also weiß, nach welchen Regeln die eigenen Handlungen gesteuert werden und nach welchen Regeln die des Partners funktionieren. Diese Regeln zu lernen, zu wissen, wie, wann und warum sie wirksam werden, und mit ihnen so umgehen zu können, dass interkulturell kompetentes Handeln möglich wird, sind das Resultat interkulturellen Lernens und die zentralen Kennzeichen interkultureller Handlungskompetenz.

Das in diesem Buch bereitgestellte Training bietet deutschen Fach- und Führungskräften die Chance, dass kulturell bedingte Orientierungssystem ihrer polnischer Partner kennen zu lernen, um die bei ihnen immer wieder beobachteten erwartungswidrigen Verhaltensweisen zu verstehen. Zudem bietet sich ihnen die Chance, sich ihres eigenen kulturellen Orientierungssystems bewusst zu werden, um anhand authentischer Interaktionssituationen aus der beruflichen und alltäglichen Begegnungspraxis zu lernen, interkulturell kompetent zu handeln. So können Verstehensprobleme zwischen Polen und Deutschen vermieden und die vielfältigen Kooperationen optimiert werden.

Alexander Thomas

Folgende Personen hatten in besonderem Maße Anteil an der Entstehung und Vollendung der vorliegenden Publikation:

Barbara Dudkowski, Interkulturelle Trainerin;
Alexandra Hesse, Universität Regensburg;
Patrizia Jagiella, Institut für Auslandsbeziehungen in Polen e. V.;
Jolanta Jackiewicz, Universität Regensburg;
Paulina Jedrzejczyk, Universität Mainz;
Dr. Matthias Kneip, Deutsches Poleninstitut Darmstadt;
Uwe Rethmeier, Unternehmensberater;
Ute Schmidt-Brasse, Unternehmensberaterin;
Dr. Silvia Schroll-Machl, Interkulturelle Trainerin;
Dr. Krzystof Wojciechowksi, Europa-Universität Viadrina Frankfurt (Oder).

Darüber hinaus haben noch zahlreiche weitere Personen mit ihren Kommentaren den Inhalt und die Form der vorliegenden Publikation verbessert und bereichert. Herzlichen Dank für die wertvollen Anregungen, kritischen Beiträge und umfangreiche Unterstützung!

Einleitung

Orientierung in Polen

Ein kurzer Skiurlaub in Zakopane, eine Bildungsreise in die ehemalige Kulturhauptstadt Krakau oder Segeln in den Masuren – es gibt vielfältige Möglichkeiten, mit dem Land Polen in Berührung zu kommen. Viele attraktive Regionen sind touristisch gut erschlossen und laden ein, das Land zwischen den Flüssen Bug und Oder zu erkunden. Auch auf wirtschaftlicher Ebene ist ein Einstieg ausländischer Firmen in den polnischen Markt längst kein Abenteuer mehr, sondern ist durch die Angleichung der gesetzlichen Rahmenbedingungen an europäische Standards längst kalkulierbar geworden. Wie aber sieht es aus, wenn man in Polen lebt und arbeitet? Wie funktionieren dann die Orientierung und Verständigung? Der offenkundigste Schritt ist für viele der Besuch eines Sprachkurses. Nicht jedem Deutschen kommen die polnischen Laute leicht über die Lippen und ein wenig Durchhaltevermögen ist gefragt – man versuche sind nur einmal an dem beliebten Zungenbrecher »Chrz szcz brzmi w trzcinie«[1]. Das sollte jedoch niemanden davon abhalten, sich intensiv mit der polnischen Sprache zu beschäftigen, denn so fällt es um einiges leichter, sich im Land zurechtzufinden. Auch auf den alltäglichen Umgang miteinander wirkt sich dieses Engagement positiv aus, denn selbst die ersten, noch unbeholfenen Sprachversuche werden von Polen mit Begeisterung aufgenommen.

Neben Deklination, Grammatik und Konjugationen sind aber noch andere »Regeln« in unserem östlichen Nachbarland

1 Der Käfer brummt im Schilf.

wirksam, die sich nicht anhand einfacher Formeln erklären lassen. Es handelt sich dabei um spezifische Normen, Werte und Einstellungen, die unter dem Begriff »Kultur« zusammengefasst werden. Kultur ist dabei ein universelles, für eine Gesellschaft, Organisation und Gruppe aber sehr typisches Orientierungssystem. Dieses Orientierungssystem beeinflusst das Wahrnehmen, Denken und Handeln aller Mitglieder und definiert somit deren Zusammengehörigkeit zur Gesellschaft (Thomas, 2003). Von Geburt an verinnerlichen wir die kulturellen Normen über den Prozess der Sozialisation und orientieren uns implizit an ihnen. So regelt Kultur den Umgang miteinander, schafft Orientierungssicherheit und strukturiert den Ablauf sozialer Begegnungen, ohne dass sie von ihren Mitgliedern bewusst wahrgenommen wird. Dies ist notwendig, damit wir uns ohne Anstrengungen und auf einer gemeinsamen Basis in unserer Gesellschaft zurechtfinden können.

Treffen die Mitglieder unterschiedlicher Kulturen aufeinander, interpretieren sie das Verhalten ihres Gegenübers auf dem Hintergrund des eigenkulturellen Systems. Allerdings können verschiedene kulturelle Orientierungssysteme in zentralen Punkten voneinander abweichen. Was in der einen Kultur als angemessen und wünschenswert gilt, kann in der anderen Missbilligung und Ablehnung auslösen. Diese Diskrepanz ist jedoch nicht offen ersichtlich, sondern zeigt sich in unerwarteten Reaktionen und ungewohnten Handlungsweisen des fremdkulturellen Partners. Daraus können Fehlinterpretationen und Unsicherheiten entstehen, die die interkulturelle Zusammenarbeit erschweren oder sogar unmöglich machen.

Die polnischen Kulturstandards

Die erste Begegnung mit kulturellen Abweichungen könnte bereits stattfinden, wenn man zum Beispiel den polnischen Kollegen getreu der ersten Sprachlektion mit »Dzień dobry, pan Kolwalski!« (»Guten Tag, Herr Kowalski!«) begrüßt und überrascht feststellen muss, dass dieser befremdet reagiert. Woher kommt diese Reaktion? Kann eine einfache Begrüßung schon falsch sein? Oder kommt hier eine persönliche Abneigung zum Tragen? Gerade der letzte Gedanke spiegelt wider, wozu viele Personen in der Interaktion mit einem fremdkulturellen Partner tendieren: Sie suchen die Ursache für irritierendes oder ungewohntes Verhalten in der Person des anderen, seiner Einstellung oder seinem Charakter. Die Wirksamkeit des Orientierungssystems »Kultur« ist nicht bewusst und wird daher als Erklärungsmöglichkeit nicht berücksichtigt, auch wenn sie das Verhalten des fremdkulturellen Partners besser erklären könnte. Fehlinterpretationen und Missverständnisse sind die Folge und können die persönliche Beziehung, aber auch die berufliche Zusammenarbeit erheblich stören. In dem hier genannten konkreten Beispiel lässt sich die Reaktion des polnischen Kollegen relativ leicht erklären: Nach adeliger Tradition spricht man in Polen entfernt bekannte oder unbekannte Personen nur mit ihrem Titel an. Die Anrede mit Nachnamen kommt unter Polen geradezu einer Beleidigung gleich und muss auf einen Polen im ersten Moment irritierend wirken, auch wenn klar ist, dass keine böse Absicht dahinter steht. Andere unerwartete Reaktionen polnischer Partner sind allerdings weitaus schwieriger zu verstehen. Zentrale Tendenzen im Denken, Fühlen und Handeln der Mitglieder einer fremden Kultur, die von den eigenkulturellen Orientierungsmaßstäben abweichen, werden als so genannte Kulturstandards beschrieben.

Welchen kulturellen Standards im Handlungsfeld deutscher Fach- und Führungskräfte in Polen eine besondere Relevanz zukommt, wurde im Rahmen einer Studie in mehreren Schritten erarbeitet und analysiert (Dünstl, 2006; Fischer, 2006). Im Mittelpunkt standen dabei die Erfahrungen deutscher Expatriates, die bereits mehrere Wochen oder Jahre in Polen leben und arbeiten. In Interviews wurden sie gezielt nach Erlebnissen befragt, in denen ihnen das Verhalten ihrer polnischen Partner rätselhaft oder unangemessen erschien. Die geschilderten Begegnungssituationen wurden sowohl von deutschen als auch von polnischen Kulturexperten danach bewertet, ob und auf welche kulturellen Unterschiede der unerwartete Verlauf der Interaktion zurückzuführen ist. Basierend auf diesen Einschätzungen konnte ein Kategoriensystem entwickelt werden, das die zentralen kulturellen Unterschiede der polnischen und deutschen Kultur beschreibt, mit denen die interviewten Deutschen in Berührung kamen. So wurde unter anderem deutlich, warum und in welcher Weise sich die Form der Anrede in Polen von der in Deutschland üblichen Formulierung unterscheidet und was hier als angemessen gilt.

Das Trainingsmaterial: Aufbau und Anwendung

Dieses interkulturelle Trainingsprogramm versucht, die Wirksamkeit der polnischen Kulturstandards in deutsch-polnischen Interaktionen näher zu bringen. Dazu wurde das Trainingsformat des »Culture Assimilators« oder auch »Culture Sensitizers« gewählt, das in den fünfziger Jahren entstand und heute zu den weltweit bekanntesten und am meisten erforschten Trainingsformaten zählt. In mehreren Studien zeigte sich, dass dieses Format bei den Anwendern positive Lerneffekte bewirkt.

Im Zentrum des Trainings stehen konkrete Fallbeispiele, in denen – aus Sicht der deutschen Beteiligten – unerwartete Reaktionen und Verhaltensweisen der polnischen Partner geschildert werden. Anhand des Trainingsmaterials werden die Ursachen und Hintergründe für das unerwartete Verhalten der polnischen Partner erörtert und kulturell adäquate Verhaltensweisen vorgestellt. Es handelt sich immer um Interaktionssituationen, die aus Interviews mit deutschen Fach- und Führungskräften in Polen stammen und tatsächlich so stattgefunden haben. Das Trainingsmaterial in diesem Buch kann selbstständig bearbeitet werden oder als Grundlage für Gruppentrainings dienen. Der Lernerfolg wird in regelmäßigen Abständen rückgemeldet.

Als Anwender sollten Sie jedes Fallbeispiel anhand der folgenden Arbeitsschritte bearbeiten:

1. Lesen Sie die Situation aufmerksam durch. Versetzen Sie sich dabei in die Lage des Deutschen und verfolgen Sie den Verlauf der deutsch-polnischen Begegnungen. Notieren Sie danach in kurzen Stichpunkten, wie Sie sich das Verhalten des polnischen Partners in dieser Interaktion erklären und warum der Deutsche etwas anderes erwartet hat.

2. Im nächsten Abschnitt werden Ihnen vier Deutungen zur Erklärung der Situation angeboten. Tragen Sie in der Skala ein, für wie zutreffend Sie jede der vorgegebenen Deutungen halten. Es gibt zu jeder Episode keine einzelne »richtige« Erklärung, sondern es spielen häufig mehrere Aspekte eine Rolle. Sie können daher auch mehrere Antworten als zutreffend einschätzen.
3. Lesen Sie die Erklärungen zu jeder Deutung. Vergleichen Sie Ihre eigene Einschätzung mit den darin angeführten Erläuterungen. Eine Antwort erklärt die Situation aus polnischer Sicht am besten, aber auch die anderen Alternativen liefern einen wichtigen Beitrag zum Verständnis der deutsch-polnischen Begegnung.
4. Notieren Sie in Stichpunkten, wie Sie anstelle des deutschen Akteurs mit den geschilderten Missverständnissen und den sich daraus entwickelnden Konflikten umgehen würden. Vergleichen Sie ihre Ideen mit den Lösungsvorschlägen, die unter der Überschrift »Lösungsstrategie« präsentiert werden. Diese sind als Vorschlag und Anregung gedacht.

Die Fallbeispiele sind in einzelne Trainingseinheiten eingeteilt, die jeweils einen polnischen Kulturstandard behandeln. Am Ende eines jeden Kapitels werden diese Standards sowie der dazugehörige kulturhistorische Hintergrund noch einmal allgemein beschrieben. Die so gewonnenen Einsichten können in neuen, selbst erlebten Situationen angewandt werden und dabei helfen, unerwartetes Verhalten polnischer Partner unter Einbeziehung kultureller Aspekte zu interpretieren und zu verstehen.

■ Ziele des Trainings

Das Trainingsprogramm gibt eine Vorstellung davon, in welchem Maße und auf welche Art und Weise individuelles Verhalten durch kulturelle Faktoren beeinflusst sein kann. Es handelt sich dabei oft nur um kleine Gesten, einzelne Reaktionen, die für leichte Irritationen sorgen und trotzdem eine Begegnung erheblich stören können. Die Entstehung und der Verlauf solch ungewohnter, kulturell bedingter Verhaltensweisen kann mit Hilfe der im Trainingsprogramm vorgestellten polnischen Kulturstandards besser verstanden und nachvollzogen werden. Polen – Land und Leute – in all seinen Facetten zu erklären, ist nicht das Ziel eines interkulturellen Trainings. Dieser Anspruch würde selbst im eigenen Land an der komplexen und vielgestaltigen Erscheinungsform gesellschaftlicher Realität scheitern.

Die ausgewählten Fallbeispiele schildern konflikthafte Einzelsituationen, die die Verschiedenheit der beiden aufeinander treffenden Kulturen besonders gut verdeutlichen. Missverständnisse können aber auch aus persönlichen Differenzen, Unaufmerksamkeit oder schlicht aus mangelnden Sprachkenntnissen entstehen. Es wäre somit völlig falsch, hinter jeder unbefriedigend verlaufenden deutsch-polnischen Interaktion einen kulturell bedingten Konflikt zu vermuten. Die meisten interkulturellen Begegnungen verlaufen in der Regel konfliktfrei – insbesondere im beruflichen Alltag, der in hohem Maße reglementiert und standardisiert ist.

Im Kontakt mit fremdkulturellen Partnern spiegelt sich für Deutsche auch der Einfluss und die Wirksamkeit des eigenen kulturellen Orientierungssystems wider, das sonst nicht bewusst erlebt wird. Keines der beiden Kultursysteme ist als schlechter oder besser zu bewerten. Beide stellen spezifische Anpassungsformen an Umweltbedingungen und Arten der Lebensbewältigung dar, die innerhalb einer Kultur Orientierungsklarheit schaffen. Beide Systeme können sich auf synergetische Weise gegenseitig ergänzen. Wer sowohl das polnische als auch das deutsche Orientierungssystem verstehen und flexibel anwenden kann, schafft einen neuen Interpretations- und Handlungsrahmen, der den besonderen Bedingungen in der Zusammenarbeit mit polnischen Partnern bestens angepasst ist.

Dank der in der polnischen Gesellschaft ausgeprägten Gastfreundlichkeit und Herzlichkeit werden viele deutsch-polnische Interaktionen als positives Erlebnis im Gedächtnis bleiben und einen beruflichen Aufenthalt in Polen zu einer persönlichen Bereicherung machen. Einer der deutschen Interviewpartner resümierte daher seine Erfahrungen in Polen wie folgt: »Man sollte unvoreingenommen nach Polen kommen, sollte sich frei machen von Vorurteilen und versuchen, sich ein eigenes Bild zu machen. Ich lade jeden dazu ein, denn es ist ein großes Land mit landschaftlichen Attraktionen und vielen herzensguten Menschen.« Dieses Trainingsmaterial verschafft einen ersten Einblick in das polnische Orientierungssystem und erleichtert den Einstieg in die fremde Kultur.

Viel Erfolg mit diesem Lernprogramm!

Plannerer

Themenbereich 1: Personenbezogene Emotionalität

Beispiel 1: Unerfüllbare Anordnungen

Situation

Herr Fleischer ist Vorstand einer deutschen Supermarktkette in Polen. Eines Tages kommt Frau Nowak, eine der polnischen Mitarbeiterinnen, völlig aufgelöst zu ihm. Ihre Abteilungsleiterin habe ihr eine Aufgabe übertragen, die sie unmöglich bearbeiten könne. Sie traue sich aber nicht, es ihrer Chefin zu sagen. Diese habe ihren Mitarbeitern schon öfter mit Entlassung gedroht, wenn sie ihre Aufgaben nicht erledigen würden. Herr Fleischer wundert sich darüber, wie die polnische Abteilungsleiterin mit ihren Mitarbeitern umgeht. Frau Nowak scheint so eingeschüchtert zu sein, dass sie sich nicht mehr anders zu helfen weiß, als ihn um Rat zu bitten.

Wie erklären Sie sich die Ursache von Frau Nowaks Verhalten?

- Lesen Sie nun die Antwortalternativen nacheinander durch.
- Bestimmen Sie den Erklärungswert jeder Antwortalternative für die gegebene Situation und kreuzen Sie ihn auf der darunter liegenden Skala entsprechend an. Es ist möglich, dass mehrere Antwortalternativen den gleichen Erklärungswert besitzen.

Deutungen

a) In der Abteilung existieren offene Spannungen zwischen der Leiterin und ihren Mitarbeitern. Die Abteilungsleiterin will mit den harten Drohungen die Kontrolle zurückgewinnen und Kritik seitens der Mitarbeiter unterdrücken.

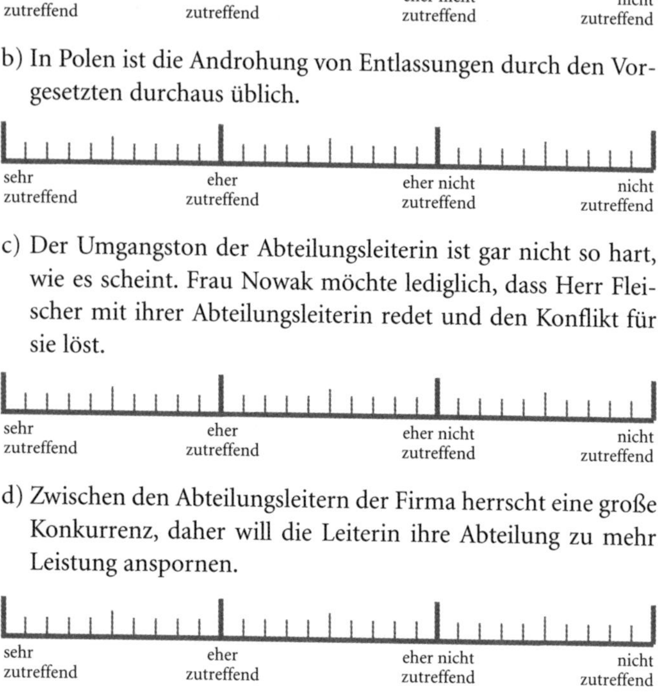

sehr zutreffend | eher zutreffend | eher nicht zutreffend | nicht zutreffend

b) In Polen ist die Androhung von Entlassungen durch den Vorgesetzten durchaus üblich.

sehr zutreffend | eher zutreffend | eher nicht zutreffend | nicht zutreffend

c) Der Umgangston der Abteilungsleiterin ist gar nicht so hart, wie es scheint. Frau Nowak möchte lediglich, dass Herr Fleischer mit ihrer Abteilungsleiterin redet und den Konflikt für sie löst.

sehr zutreffend | eher zutreffend | eher nicht zutreffend | nicht zutreffend

d) Zwischen den Abteilungsleitern der Firma herrscht eine große Konkurrenz, daher will die Leiterin ihre Abteilung zu mehr Leistung anspornen.

sehr zutreffend | eher zutreffend | eher nicht zutreffend | nicht zutreffend

- Versuchen Sie, Ihre Einstufung jeder Antwortalternative zu begründen. Halten Sie die Begründung in schriftlicher Form stichpunktartig fest.
- Lesen Sie nun die Erläuterungen zu jeder Antwortalternative und vergleichen Sie diese mit Ihren eigenen Begründungen.

■ Bedeutungen

Erläuterung zu a):
In dieser Situation könnte es durchaus sein, dass die Mitarbeiter der entsprechenden Abteilung mit ihrer Leiterin unzufrieden sind und sich ihr widersetzen. Allerdings würde dies kaum so offen zum Ausdruck kommen, wie es die Erklärung beschreibt. Dazu sind die Methoden des Widerstands zu subtil und könnten

auch als zufällige Misserfolge einzelner Mitarbeiter interpretiert werden; Anordnungen werden schlicht ignoriert oder auf ineffiziente Weise ausgeführt. Die Mitarbeiter der Abteilung werden eine direkte Auseinandersetzung mit ihrer Vorgesetzten nach Möglichkeit meiden, um ihre Autorität nach außen hin nicht in Frage zu stellen. Offen ausgetragene Konflikte zwischen Mitarbeitern und Vorgesetzten, wie sie in dieser Antwortalternative beschrieben werden, sind eher selten.

Erläuterung zu b):
Unter polnischen Vorgesetzten, insbesondere der älteren Generation, ist es häufig noch üblich, Druckmittel zur Steuerung ihrer Mitarbeiter einzusetzen. Anordnungen werden ihrer Ansicht nach erst befolgt, wenn die Mitarbeiter negative Konsequenzen fürchten müssen. Dabei nutzen sie die Tatsache aus, dass aufgrund der hohen Arbeitslosenquote (18,9 % im Jahr 2004; Eurostat Online Datenbank, 2005) in Polen die Angst vor Entlassungen sehr groß ist. Allerdings ist dieses Verhalten nicht besonders hoch angesehen, da es an die Zeit der Fremdbesatzung erinnert, in der Androhung von Repressalien und auch deren Umsetzung ein gängiges Mittel waren, um die polnische Bevölkerung einzuschüchtern und zu kontrollieren. Inzwischen setzt sich unter dem Einfluss westeuropäischer und amerikanischer Unternehmen innerhalb der jüngeren Generation polnischer Führungskräfte ein kooperativer Führungsstil durch. Man kann also nicht generell davon ausgehen, dass Drohungen zum beruflichen Alltag in polnischen Unternehmen gehören. Für diese Situation enthält eine andere Antwortalternative mehr Erklärungswert.

Erläuterung zu c):
Frau Nowak möchte einer offenen Auseinandersetzung mit ihrer Vorgesetzten aus dem Weg gehen und hofft, dass Herr Fleischer diese Angelegenheit für sie übernimmt. In Polen wird innerhalb der beruflichen Hierarchie die Lösung von Konflikten gern an eine höhere Stelle übertragen. Eine rationale Begründung, warum Herr Fleischer hier aktiv werden soll, hätte allerdings aus Frau Nowaks Sicht keine Aussicht auf Erfolg. Ein Konflikt wird erst dann als bedeutend anerkannt, wenn er mit Menschen und

ihren Gefühlen in Verbindung gebracht wird. In dieser Situation stellt Frau Nowak ihre persönliche Betroffenheit in den Vordergrund und appelliert so an Herrn Fleischers Mitgefühl. Die meisten Polen würden sich dadurch zur Hilfe verpflichtet fühlen, selbst wenn sie vermuten, dass Frau Nowak bei ihrer Darstellung übertreibt. Sie würden es nicht wagen, ihre Bitte abzuschlagen, um nicht hartherzig und unmenschlich zu erscheinen. Herr Fleischer erkennt nicht, dass Frau Nowaks Schilderung die Dringlichkeit der Angelegenheit verdeutlichen soll und sieht als einzige Erklärung für ihren emotionalen Zustand die angeblich harten Drohungen der Abteilungsleiterin. Diese Antwort erklärt die Situation am besten.

Erläuterung zu d):
Konkurrenzdenken ist in Polen nicht so verbreitet wie in Deutschland. Bei älteren Mitarbeitern kann dies mit den Erfahrungen während der Zeit des Kommunismus zusammen hängen, in der häufig Gehalt und berufliche Stellung unabhängig von der persönlichen Leistung waren. Darüber hinaus gilt es allgemein als arrogant, sich über andere zu stellen und auf Kosten anderer Personen eigene Vorteile durchzusetzen. Karrieristen werden von vielen Polen abschätzig betrachtet, konnten sie doch zu früheren Zeiten ihre hohen Ziele nur durch die Kooperation mit den ungeliebten Besatzungsmächten erreichen. Allerdings entwickelt sich seit der Öffnung 1989 zunehmend ein Wettbewerbsdenken, insbesondere innerhalb der jüngeren Generation und in den städtischen Gebieten. Dieser Aspekt könnte hier also eine Rolle spielen, trifft allerdings nicht den zentralen Punkt der Situation.

- Beantworten Sie bitte folgende Frage: Wie würden Sie sich in einer ähnlichen Situation verhalten?

■ Lösungsstrategie

Emotionales Verhalten wie in dem oben geschilderten Fall appelliert an Menschlichkeit und Mitleid, um in einer kritischen Situation Unterstützung zu erlangen. Eine offene Diskussion oder Auseinandersetzung mit anderen Personen bei strittigen Angelegenheiten kommt für viele polnische Mitarbeiter nicht in Frage, da sie vor offenen Konflikten zurückscheuen.

Die Situation ist für Frau Nowak sicherlich sehr bedeutsam, sonst hätte sie sich nicht mit ihrem Anliegen an ihren Vorgesetzten gewandt und stattdessen die Sache auf sich beruhen lassen. Herr Fleischer darf auf keinen Fall den Fehler begehen, ein solch emotional vorgetragenes Anliegen oder eine Bitte nicht ernst zu nehmen. So erwirbt man sich schnell den Ruf, herzlos und unmenschlich zu sein. Möglicherweise meiden die Mitarbeiter daraufhin ein offenes Gespräch und versuchen, ihre Probleme auf andere Art und Weise zu lösen. Zudem schadet es dem eigenen Ansehen, denn in Polen erwartet man von Führungskräften, dass sie sich der Probleme annehmen und Konflikte lösen.

Herr Fleischer sollte sich zunächst nach der tatsächlichen Sachlage zu erkundigen. Möglicherweise hat Frau Nowak nicht einmal versucht, die Sache eigenständig zu lösen und ist jeder Art von Konfrontation aus dem Weg gegangen. Will Herr Fleischer seine Mitarbeiterin dazu ermuntern, ihre Probleme mit der Abteilungsleiterin selbstständig zu regeln, muss dies sensibel und schrittweise erfolgen. Darüber hinaus muss er vermitteln, dass er selbst jederzeit als Ansprechpartner zur Verfügung steht, wenn die Lage zu schwierig werden sollte.

Zusätzlich kann es sinnvoll sein, wenn Herr Fleischer ein persönliches Gespräch mit der entsprechenden Abteilungsleiterin führt, ohne dabei die Beschwerden der Mitarbeiterin explizit zu erwähnen. Vielleicht gibt es tatsächlich Probleme in der Abteilung, oder aber die Situation stellt sich völlig anders als aus der zunächst geschilderten Perspektive. Man sollte allerdings von solchen Gesprächen nicht allzu viel Informationen erwarten, denn in Polen herrscht ein indirekter Kommunikationsstil vor, der oft mehr verschweigt als preisgibt. Trotzdem ist der persönliche Kontakt wichtig, da man einerseits aus verschiedenen kleinen Andeutungen ein Bild der Lage konstruieren kann und andererseits zeigt, dass man auf die Meinung der Mitarbeiter Wert legt. Nachfragen als Zeichen offenen Interesses wird allgemein positiv bewertet und dient dem Aufbau von Vertrauen.

Dabei darf auch nicht außer Acht gelassen werden, dass der Führungsstil polnischer Manager durchaus autoritär sein kann und dabei auch gelegentlich Drohungen ausgesprochen werden. Ein allgemeiner Wandel im Unternehmen zu mehr Kooperation und Teamdenken muss behutsam angeleitet werden.

Auch außerhalb des beruflichen Alltags wird man die Erfahrung machen, dass viele Polen, wenn sie sich unter Freunden oder Bekannten befinden, in ihrem Ausdruck emotionaler sind als Deutsche. Dies gilt sowohl für negative als auch für positive Gefühle: Man feiert auf Betriebsfeiern ausgelassen, äußerst sich offen über Unsicherheiten und Zweifel, lacht herzhaft über Witze, schimpft in allerlei wildem Vokabular über andere Autofahrer und drückt bei entsprechenden Anlässen Trauer offen aus. Diese gelebte Emotionalität gilt als ein Zeichen von Menschlichkeit; sich dafür zu schämen, käme nur wenigen Polen in den Sinn. Die in Deutschland positiv bewertete Selbstbeherrschung in emotionalen Situationen kommt daher vielen Polen verkrampft und unnatürlich vor. Insbesondere im persönlichen Kontakt wird es sehr geschätzt, wenn man aus sich herausgeht und auch seine menschliche Seite zeigen kann.

■ Beispiel 2: Der Leasingwagen

■ Situation

Herr Lehner ist Leiter der Leasingabteilung einer deutschen Bank in Warschau. Eines Tages wird er von einem seiner polnischen Mitarbeiter, Herrn Rominski, um Unterstützung bei einem Kundengespräch gebeten. Der Kunde kann die Leasingraten für sein Auto nicht mehr zahlen; in solchen Fällen ist die Bank berechtigt, den Wagen einzuziehen. Herr Rominski, dem die Sache sichtlich unangenehm ist, erkundigt sich bei Herrn Lehner, ob man dem säumigen Kunden noch einen Aufschub gewähren könne. Dieser weist auf die interne Regelung hin, nach der der Wagen auf jeden Fall abgegeben werden muss, da die Bank schon mehrfach schlechte Erfahrungen mit zahlungsunfähigen Kunden gemacht hat. Nach kurzer Zeit erscheint Herr Rominski wieder und erklärt Herrn Lehner, dass der Kunde den Wagen nicht hergeben möchte, sondern nach Hause zu seiner kranken Tochter fahren wolle. Wiederum verweist Herr Lehner auf die Regelung. Er ärgert sich, dass Herr Rominski nicht in der Lage ist, gegenüber dem Kunden die Richtlinien der Bank umzusetzen.

Wie erklären Sie sich Herrn Rominskis Verhalten?

- Lesen Sie nun die Antwortalternativen nacheinander durch.
- Bestimmen Sie den Erklärungswert jeder Antwortalternative für die gegebene Situation und kreuzen Sie ihn auf der darunter liegenden Skala entsprechend an. Es ist möglich, dass mehrere Antwortalternativen den gleichen Erklärungswert besitzen.

Deutungen

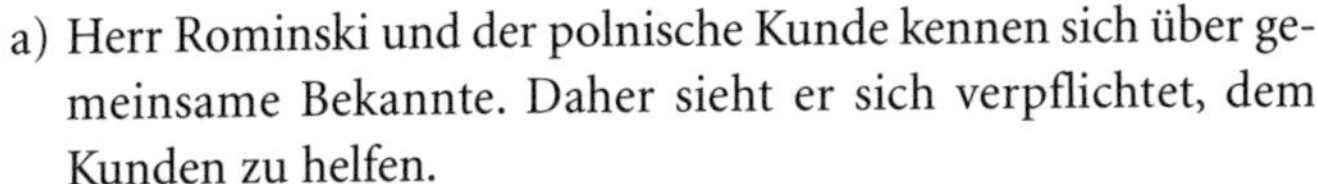

a) Herr Rominski und der polnische Kunde kennen sich über gemeinsame Bekannte. Daher sieht er sich verpflichtet, dem Kunden zu helfen.

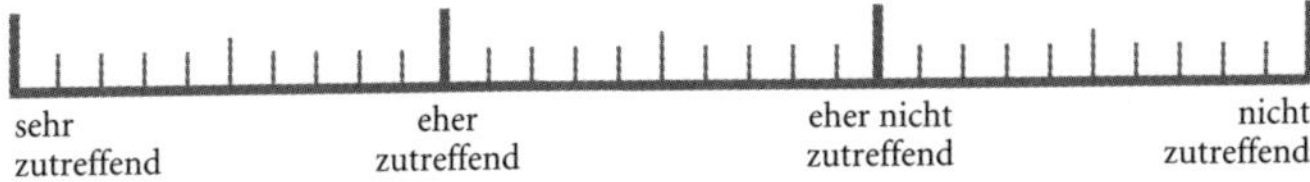

b) Herr Rominski empfindet Mitleid mit dem Kunden und möchte nicht hartherzig und unmenschlich handeln, indem er den Wagen einbehält.

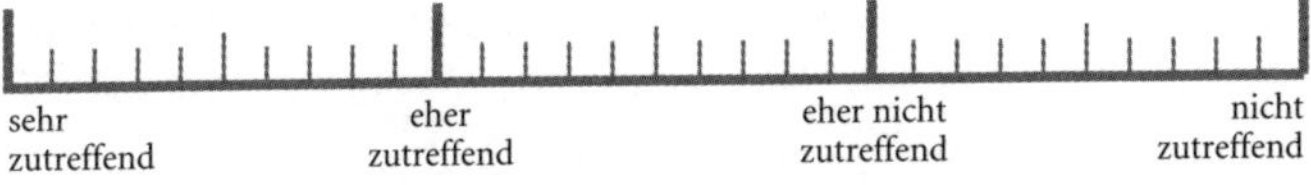

c) Aus Herrn Rominskis Sicht wäre es besser, in dieser Angelegenheit ein Auge zuzudrücken, da dies seiner Meinung nach für die Bank kein großer Verlust wäre.

d) In Polen wird bei Problemfällen grundsätzlich eine Entscheidung von höherer Stelle erwartet, da man den Vorgesetzten mehr Kompetenz und einen größeren Handlungsspielraum zuschreibt.

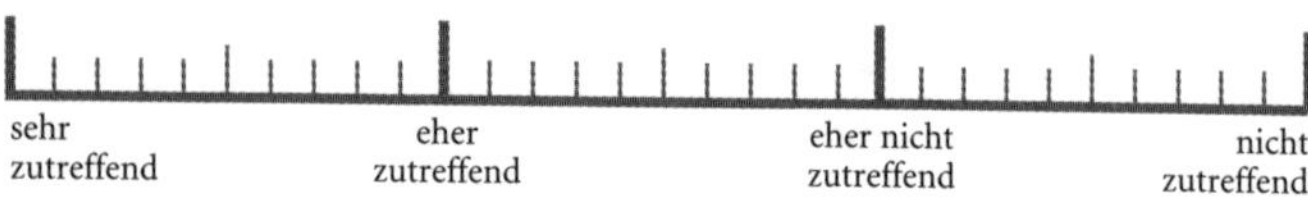

- Versuchen Sie, Ihre Einstufung jeder Antwortalternative zu begründen. Halten Sie die Begründung in schriftlicher Form stichpunktartig fest.
- Lesen Sie nun die Erläuterungen zu jeder Antwortalternative und vergleichen Sie diese mit Ihren eigenen Begründungen.

■ Bedeutungen

Erläuterung zu a):
Soziale Netzwerke spielen in Polen eine wichtige Rolle und werden häufig dazu genutzt, um offizielle Instanzen zu umgehen. Innerhalb eines solchen Systems kann jeder um Unterstützung bitten und gewährt diese ebenso selbstverständlich. Hätten Herr Rominski und der Kunde tatsächlich gemeinsame Bekannte und würde Herr Rominski seine Unterstützung verweigern, würde er diese implizite Regel brechen. Dadurch wäre die Beziehung zu dem gemeinsamen Bekannten und auch zu dem Kunden belastet und Herr Rominski kann nicht mehr damit rechnen, dass er sie in einer ähnlichen Notsituation um Hilfe bitten kann. Zudem würde er sich dadurch den Ruf eines unloyalen Menschen erwerben, der lieber seinem nichtpolnischen Arbeitgeber folgt als einem echten Freund in der Not zu helfen. Aus der Situation geht allerdings nicht eindeutig hervor, ob Herr Rominski und der Kunde tatsächlich gemeinsame Bekannte besitzen. Daher ist hier eine andere Antwort passender.

Erläuterung zu b):
Herr Rominski ist sich wahrscheinlich durchaus bewusst, dass die Geschichte des Kunden erfunden sein könnte. Dies ändert aber nichts daran, dass der Kunde an sein Mitleid appelliert hat. Ein Grundsatz der polnischen Erziehung lautet: »Sei lieb!«. Ein guter Mensch ist anderen gegenüber nie hart, er ist verständnisvoll und milde. Sich auf Sachzwänge zu berufen wäre unmenschlich und fände in den Augen anderer Polen kein Verständnis. Kontrollver-

halten und das Vollziehen von klar definierten Strafen sind vielen Polen unangenehm. Auch Loyalität spielt eine große Rolle. Herr Rominski fühlt sich möglicherweise verpflichtet, dem polnischen Kunden im »Kampf« gegen die deutsche Bank zu unterstützen, um nicht als Verräter an der polnischen Sache zu gelten. Herrn Rominski sind daher aus moralischen Gründen die Hände gebunden und er möchte diese für ihn sehr unangenehme Angelegenheit an seinen Vorgesetzten weitergegeben, um sein eigenes Gewissen zu entlasten. Er rechnet möglicherweise damit, dass Herrn Lehner die Durchführung der internen Regelung wesentlich leichter fallen wird. Nach Ansicht vieler Polen handeln Deutsche nach rein sachlichen Gesichtspunkten und lassen dabei persönliche Umstände außer Acht. Diese Antwort erklärt die Situation am besten.

Erläuterung zu c):
Nach Herrn Rominskis Ansicht ist dieser Fall möglicherweise – verglichen mit den anderen Geschäften der Bank – eine Lappalie und würde in der Gesamtbilanz nicht ins Gewicht fallen. Die rigide Haltung seines Vorgesetzten, der von den internen Regelungen der Bank nicht abweicht, kann er daher nicht nachvollziehen. Das Festhalten an Vorschriften wird als typisch deutsche Eigenschaft betrachtet und gilt in Polen als unflexibel. In Polen werden Anordnungen eher als Hinweise betrachtet und man toleriert einen größeren Handlungsspielraum als in Deutschland. Sich auf Prinzipien zu berufen, gilt als engstirnig und kleinlich. Stattdessen gehen Polen praktisch vor und orientieren sich bei Entscheidungen an den spezifischen Umständen einer Situation. Dieser Faktor könnte hier durchaus eine Rolle spielen, doch erklärt eine andere Antwort die Situation noch treffender.

Erläuterung zu d):
Die Position eines Vorgesetzten in polnischen Hierarchiestrukturen ist nicht nur mit Autorität, sondern auch mit bestimmten Erwartungen verknüpft. Wenn die Mitarbeiter der Meinung sind, dass eine Angelegenheit ihren Kompetenzbereich überschreitet, wird diese häufig an den nächsten Vorgesetzten weitergeleitet. Dies gilt insbesondere für Angelegenheiten, die mit hoher Ver-

antwortung verbunden sind, da hier die Angst vor Fehlentscheidungen besonders ausgeprägt ist. Zudem fühlen sich polnische Vorgesetzte regelrecht hintergangen, wenn verantwortungsvolle Aufgaben, die eigentlich in ihren Zuständigkeitsbereich fallen, von ihren Untergebenen erledigt werden. Komplizierte Probleme werden daher von manchen polnischen Mitarbeitern ungern in Eigenverantwortung geregelt. Allerdings hat Herr Lehner in dieser Situation bereits eine klare Entscheidung getroffen, die Herr Rominski einfach hätte umsetzten können. Diese Antwort erklärt nicht, warum Herr Rominski ihn später erneut aufsucht und um seine Hilfe bittet. Eine andere Antwort ist hier also besser geeignet.

– Beantworten Sie bitte folgende Frage: Wie würden Sie sich in einer ähnlichen Situation verhalten?

■ Lösungsstrategie

Milde und Nachsicht nehmen in der polnischen Kultur einen hohen Stellenwert ein. Werden diese angesprochen und fühlen sich die Mitarbeiter diesen Werten verpflichtet, treten sachliche Überlegungen in den Hintergrund. Jedes weitere Vorgehen gegen einen Kunden in einer Notlage ist dann mit großen Hemmungen verbunden. Herr Rominski wendet sich in dieser Situation an seinen Vorgesetzten, da er hofft, dass er ihm die Entscheidung abnimmt wird und er so sein Gesicht wahren kann. Entgegen der Meinung mancher Deutscher hat dies weniger mit Unselbstständigkeit zu tun, sondern ist Ausdruck der polnischen Personenorientiertheit.

Eine gute Lösung dieses Problems wäre es, wenn Herr Lehner selbst mit dem Kunden redet und die Sache regelt. Das mag zunächst als eine zusätzliche Arbeitsbelastung erscheinen, hat aber auch Vorteile:

– Die Durchsetzung der firmeninternen Regelungen wird wesentlich beschleunigt. Gegenüber einem polnischen Mitarbeiter wird der Kunde alles versuchen, um ihn zum Einlenken zu bewegen; dieser wird den Fall mehrfach prüfen, um doch noch einen angemessenen Ausweg zu finden. Gegenüber einem Deutschen wird sich der Kunde vermutlich nicht auf eine Diskussion einlassen. Es ist bekannt, dass Deutsche sachorientiert sind und eine auf Mitleid aufbauende Argumentation vermutlich wenig Wirkung hat.

- Durch die Übernahme der Verantwortung erweist Herr Lehner seinem polnischen Kollegen einen großen Gefallen, da er sein Gesicht wahren kann, und gewinnt seine Sympathie. Herr Rominski vertraut auch bei zukünftigen Problemen darauf, dass ihm geholfen wird und legt im Gegenzug offen und ehrlich eine schwierige Situation dar. Ist dieses Vertrauen nicht vorhanden, kann es sein, dass der Mitarbeiter in Zukunft an seinem Vorgesetzten vorbei die Angelegenheit doch zu Gunsten des Kunden regeln wird.

Beispiel 3: Vorschläge zur Strukturreform

Situation

Herr Knapp arbeitet als Projektmanager bei einem deutschen Unternehmen, das vor kurzem Anteile an einer polnischen Produktionsfirma für Computerzubehör erworben hat. Um sich über mögliche Umstrukturierungsmaßnahmen auszutauschen, vereinbart Herr Knapp mit einem der dortigen Vorstände ein ungezwungenes Treffen. Im Laufe des Gesprächs erkundigt sich sein polnischer Gesprächspartner, Herr Staszewski, wie er denn die momentane Situation auf dem Elektronikmarkt einschätzt. Herr Knapp erklärt, dass seiner Meinung nach viele Unternehmen in dem Sektor zu klein seien und man viel effizienter arbeiten könne, wenn Unternehmen zusammengelegt werden würden. Herr Staszewski hört sich Herrn Knapps Ausführungen ruhig an; bald darauf verabschieden sie sich voneinander. Kurz nach dem Treffen geht bei der Firmenzentrale ein Anruf von Herrn Staszewki ein. Er verstehe nicht, welchen Sinn das Treffen gehabt habe und warum ihm Herr Knapp die Neustrukturierung des Marktes erklärt habe. Herr Knapp ist sehr überrascht, als er davon erfährt, denn seiner Ansicht nach verlief das Gespräch recht angenehm.

Wie erklären Sie sich Herrn Staszewskis Verhalten?

- Lesen Sie nun die Antwortalternativen nacheinander durch.
- Bestimmen Sie den Erklärungswert jeder Antwortalternative für die gegebene Situation und kreuzen Sie ihn auf der darunter liegenden Skala entsprechend an. Es ist möglich, dass mehrere Antwortalternativen den gleichen Erklärungswert besitzen.

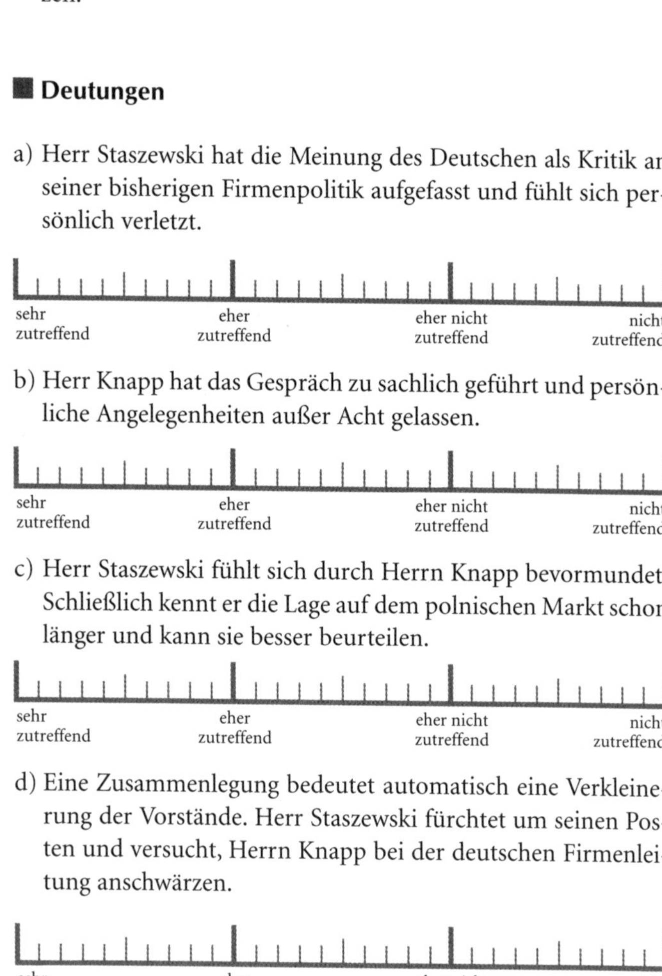

Deutungen

a) Herr Staszewski hat die Meinung des Deutschen als Kritik an seiner bisherigen Firmenpolitik aufgefasst und fühlt sich persönlich verletzt.

sehr zutreffend | eher zutreffend | eher nicht zutreffend | nicht zutreffend

b) Herr Knapp hat das Gespräch zu sachlich geführt und persönliche Angelegenheiten außer Acht gelassen.

sehr zutreffend | eher zutreffend | eher nicht zutreffend | nicht zutreffend

c) Herr Staszewski fühlt sich durch Herrn Knapp bevormundet. Schließlich kennt er die Lage auf dem polnischen Markt schon länger und kann sie besser beurteilen.

sehr zutreffend | eher zutreffend | eher nicht zutreffend | nicht zutreffend

d) Eine Zusammenlegung bedeutet automatisch eine Verkleinerung der Vorstände. Herr Staszewski fürchtet um seinen Posten und versucht, Herrn Knapp bei der deutschen Firmenleitung anschwärzen.

sehr zutreffend | eher zutreffend | eher nicht zutreffend | nicht zutreffend

- Versuchen Sie, Ihre Einstufung jeder Antwortalternative zu begründen. Halten Sie die Begründung in schriftlicher Form stichpunktartig fest.
- Lesen Sie nun die Erläuterungen zu jeder Antwortalternative und vergleichen Sie diese mit Ihren eigenen Begründungen.

■ Bedeutungen

Erläuterung zu a):
Herrn Knapps Empfehlungen beziehen sich seiner Meinung nach allein auf den aktuellen Zustand des Marktes und stehen in keinem Zusammenhang mit Herrn Staszewski selbst. Dieser dagegen interpretiert Herrn Knapps allgemeine Verbesserungsvorschläge als direkte Kritik und sieht sich in seinen bisherigen persönlichen Leistungen als Vorstandsvorsitzender angegriffen. Eine Trennung von Person und Sache, wie sie in Deutschland üblich ist, findet in Polen selten statt. Aufgrund der allgemeinen Tendenz, Konflikte zu meiden und die Harmonie des Gesprächs zu wahren, hat Herr Staszewski Herrn Knapp nicht offen widersprochen. Daher beschwert sich Herr Staszewski erst nach dem Treffen über ihn. Er rächt sich gewissermaßen für die persönlichen Verletzungen, indem er seine Enttäuschung über das Gespräch der deutschen Firmenleitung mitteilt. Diese Antwort erklärt den kulturhistorischen Hintergrund am besten.

Erläuterung zu b):
Besonders die ersten Begegnungen dienen in Polen dem gegenseitigen Kennenlernen und dem Beziehungsaufbau. Nicht die Sache steht im Vordergrund, sondern die Menschen, mit denen man zu tun hat. Finden Geschäftspartner auf einer persönlichen Ebene nicht zusammen, wird auch die berufliche Zusammenarbeit erschwert. Für Polen ist es wichtiger, in den ersten Gesprächen eine gute Atmosphäre herzustellen und Interesse für die andere Person zu zeigen. Die Gesprächsthemen beziehen sich mehr auf Nebensächliches, wie zum Beispiel die allgemeine Lage der Wirtschaft oder auch das Befinden der Familie. Der eigentliche Grund für das Zusammentreffen wird erst zu einem späteren

Zeitpunkt behandelt und selbst dann anfangs nur vage angesprochen. In dieser Situation hat allerdings Herr Staszewski selbst das Gespräch auf ein sachliches Thema gebracht. Eine andere Erklärung ist daher besser geeignet.

Erläuterung zu c):
Herr Staszewski könnte sich tatsächlich gekränkt fühlen. Auf Verbesserungsvorschläge von Deutschen reagieren viele Polen sehr sensibel und empfinden deren Auftreten als herablassend. Schließlich besitzt Polen im Vergleich zu Deutschland erst seit kurzem eine freie Marktwirtschaft und den meisten Polen ist durchaus bewusst, dass noch vieles geändert werden muss; eine Belehrung durch Außenstehende wirkt daher überflüssig und ärgerlich. Dies ist allerdings kein typisch deutsch-polnisches Phänomen, sondern kann auch in anderen internationalen Konstellationen auftreten. Einem polnischen Gesprächspartner hätte man ähnliche Äußerungen wohl eher verziehen, allerdings hätte dieser sicherlich vermieden, direkt auf Herrn Staszewskis Frage zu antworten oder konkrete Verbesserungsvorschläge zu machen. Hier spielen noch andere Aspekte eine Rolle, die in dieser interkulturellen Begegnung zum Tragen kommen.

Erläuterung zu d):
Ein Relikt aus der Zeit des Kommunismus ist die hohe Anzahl an Mitgliedern in Unternehmensvorständen. Möglicherweise bangt Herr Staszewski seit der Übernahme der polnischen Produktionsfirma durch das deutsche Unternehmen um seinen Posten, denn von Deutschen ist bekannt, dass sie Effizienz mehr schätzen als den Erhalt von Arbeitsplätzen. Hinzu kommt, dass Polen allgemein einen subtilen, mit Andeutungen versetzten Kommunikationsstil pflegen. Obwohl Herrn Knapps theoretische Überlegungen den gesamten Computermarkt betreffen und sich nicht direkt auf Herrn Staszewskis Posten beziehen, könnte Herr Staszewski dies als einen Hinweis auf seine baldige Entlassung verstehen. Allerdings würde er sich in diesem Fall wahrscheinlich eher darum bemühen, eine freundschaftliche Beziehung zu Herrn Knapp aufzubauen, als sich über ihn zu beschweren. Diese Antwort erklärt Herrn Staszewskis Verhalten nicht.

- Beantworten Sie bitte folgende Frage: Wie würden Sie sich in einer ähnlichen Situation verhalten?

■ Lösungsstrategie

Neben dem konkreten Gesprächsinhalt wird in Polen auch die Art und Weise, *wie* etwas gesagt wird, als bedeutsam interpretiert. Die Direktheit und Offenheit deutscher Kommunikation widerspricht der polnischen Neigung, eher Vorsicht und Zurückhaltung zu üben und wirkt auf viele Polen hart und angriffslustig. Deutsche sind sich dieser Sensibilität meist nicht bewusst und reagieren überrascht, wenn sich polnische Partner scheinbar grundlos verletzt fühlen.

Anstatt sofort die Schwachstellen der polnischen Marktsituation zu analysieren, hätte Herr Knapp zunächst positive Aspekte ansprechen können, zum Beispiel das sich in den letzten Jahren deutlich zunehmende technische Niveau. Zudem hätte er auf aktuelle Schwierigkeiten auf dem deutschen Markt hinweisen können, mit denen man zu kämpfen habe, bevor er auf den polnischen Markt zu sprechen kommt. Herr Knapp hätte die Frage auch an Herrn Staszewski zurückgeben können mit dem Hinweis, er sei noch nicht so lange in Polen tätig wie Herrn Staszewski und halte ihn auf diesem Gebiet für erfahrener.

Polnische Gesprächspartner schätzen es, wenn man allzu selbstsicheres und forsches Interaktionsverhalten meidet. Es wirkt ehrlicher, wenn in einem Gespräch eigene Unsicherheiten und zu erwartende Probleme offen angesprochen werden. Dem Gesprächspartner fällt es so leichter, sich seinerseits zu öffnen. Zudem sollten am Anfang eines Gesprächs eigene Ansichten und Meinungen zurückgehalten werden und lieber der Gesprächspartner zu Wort kommen. Ein positiver Kommunikationsstil, Lob und anerkennende Worte wirken aufmunternd und schaffen eine angenehme Atmosphäre. Es ist wichtiger, dass Konsens und Harmonie in einer Unterhaltung vorherrschen, als dass das Gespräch sachlich und effektiv geführt wird, denn die ersten Kontakte mit polnischen Partnern entscheiden darüber, wie man als Mensch eingeschätzt wird und ob eine positive Beziehung aufgebaut werden kann.

Wenn unangenehme Gesprächsinhalte unumgänglich sind, muss man um Verständnis bemüht sein und die polnischen Gesprächspartner vorsichtig darauf einstellen, dass in Deutschland eine direkte und offensive Art der Kommunikation üblich ist. Dies könne zwar manchmal hart und verletzend erscheinen, sei aber keineswegs beabsichtigt. So kann sich der polnischen Gesprächspartner auf die folgenden kritischen Themen vorbereiten.

■ Beispiel 4: Die Bilanzbesprechung

■ Situation

In der wöchentlichen Bilanzbesprechung einer Vertriebsfirma werden von den Vorstandsmitgliedern unter anderem aktuelle Finanzierungsprojekte besprochen. Herr Gröbner, einer der drei deutschen Teilnehmer, beurteilt eines der besprochenen Konzepte als sehr erfolgsversprechend. Herr Grabowski, einer der fünf anwesenden Polen, stimmt zu und bestätigt die großen Chancen, die mit diesem Projekt verbunden wären. In einem späteren Gespräch unter vier Augen äußert Herr Grabowski gegenüber Herrn Gröbner aber eine völlig andere Meinung und offenbart diesem, dass er das Projekt für ein Verlustgeschäft hält. Herr Gröbner versteht nicht, warum sein polnischer Kollege in der großen Runde seine wirkliche Meinung nicht geäußert hat.

Wie erklären Sie sich Herrn Grabowskis Verhalten?

- Lesen Sie nun die Antwortalternativen nacheinander durch.
- Bestimmen Sie den Erklärungswert jeder Antwortalternative für die gegebene Situation und kreuzen Sie ihn auf der darunter liegenden Skala entsprechend an. Es ist möglich, dass mehrere Antwortalternativen den gleichen Erklärungswert besitzen.

Deutungen

a) In Polen gibt es große Vorbehalte dagegen, seine eigene Meinung öffentlich zu äußern.

sehr zutreffend | eher zutreffend | eher nicht zutreffend | nicht zutreffend

b) Herr Grabowski will in der Sitzung keine Diskussion über das Projekt anregen, weil das zu unnötigen zeitlichen Verzögerungen geführt hätte.

sehr zutreffend | eher zutreffend | eher nicht zutreffend | nicht zutreffend

c) Herr Grabowski hält in der großen Runde seine tatsächliche Meinung zurück, um Herrn Gröbner nicht durch offene Kritik vor allen anderen bloßzustellen.

sehr zutreffend | eher zutreffend | eher nicht zutreffend | nicht zutreffend

d) Herr Grabowski denkt, dass er einer Diskussion in großer Runde nicht gewachsen sei. Daher offenbart er seine eigene Meinung erst in einem persönlichen Gespräch.

sehr zutreffend | eher zutreffend | eher nicht zutreffend | nicht zutreffend

- Versuchen Sie, Ihre Einstufung jeder Antwortalternative zu begründen. Halten Sie die Begründung in schriftlicher Form stichpunktartig fest.
- Lesen Sie nun die Erläuterungen zu jeder Antwortalternative und vergleichen Sie diese mit Ihren eigenen Begründungen.

■ Bedeutungen

Erläuterung zu a):
Möglicherweise kennt Herr Grabowski die anderen Vorstandsmitglieder zu wenig und fühlt sich nicht sicher genug, um seine eigene Meinung preisgeben zu können. Ein offener Meinungsaustausch setzt in Polen voraus, dass eine persönliche und vertrauliche Beziehung zwischen den Beteiligten besteht. Ist dies nicht der Fall, hält man Informationen lieber zurück. Hinzu kommt, dass Polen deutsche Führungskräfte oft als distanziert und unnahbar empfinden. Sie vermissen die Herzlichkeit und den persönlichen Bezug, der einen vertrauensvollen Umgang miteinander erleichtert. Allerdings wäre es nach dieser Erklärung für Herrn Grabowski das Einfachste gewesen, er hätte sich während der Sitzung passiv verhalten. Da er aber Herrn Gröbner während des Meetings aktiv unterstützt hat, spielt noch ein anderer Faktor für sein Verhalten eine Rolle.

Erläuterung zu b):
Herr Grabowski rechnet möglicherweise damit, eine Entscheidung des Vorstands für das aus seiner Sicht unrentable Projekt später einfach rückgängig machen zu können. Offizielle Beschlüsse werden in Polen als nicht so verpflichtend empfunden wie in Deutschland. Schließlich könne man zum Zeitpunkt des Beschlusses nicht vorhersehen, ob sich in der Zwischenzeit etwas Neues ergibt oder es könnten unerwartete Hindernisse auftauchen. Daher werden Entscheidungen flexibel gehandhabt und notfalls unter der Hand geändert. Eine offene Diskussion erscheint Herrn Grabowski daher überflüssig. Allerdings erklärt diese Antwort nicht, warum er Herrn Gröbner später über seine wirkliche Ansicht aufklärt. Daher ist diese Antwort eher nicht zutreffend.

Erläuterung zu c):
Würde Herr Grabowski der Meinung Herrn Gröbners zu dem Projekt offen widersprechen, hätte er vor allen Kollegen dessen Kompetenz in Frage gestellt. Herr Grabowski aber will Herrn Gröbner als Person schützen und ihm helfen, sein Gesicht zu

wahren. Dieses Verhalten zeichnet in Polen einen anständigen und ehrenwerten Menschen aus. Die Tatsache, dass Herr Grabowski Herrn Gröbner später seine ehrliche Meinung offenbart, ist ein deutliches Zeichen von Vertrauen. Aus seiner Sicht erweist er seinem deutschen Kollegen einen Freundschaftsdienst. Herr Gröbner aber erkennt nicht, dass die Sympathie für seine Person die Ursache für Herrn Grabowskis Verhalten ist. Diese Antwort erklärt die Situation am besten.

Erläuterung zu d):
Eine Diskussion würde nach Herrn Grabowskis Meinung die Atmosphäre des Gesprächs und die persönlichen Beziehungen der Kollegen untereinander stören. Deutsche dagegen trennen in Diskussionen in der Regel klar zwischen Person und Sache. Auch große Meinungsunterschiede in berufliche Angelegenheiten haben so einen geringeren Einfluss auf die persönliche Beziehung zwischen den Kollegen. Polnische Arbeitskollegen dagegen interpretieren auch sachliche Argumente auf einer persönlichen Ebene: Wird ein Teil der Arbeit kritisiert, die jemand leistet, wird die Kritik auch auf die gesamte Person bezogen. Kritische Anmerkungen werden daher nach Möglichkeit gemieden. Den deutschen Argumentationsstil, der darauf keine Rücksicht nimmt und den Wert von konstruktiver Kritik sogar betont, empfinden viele Polen als hart und verletzend. Sie wissen nicht, wie sie mit persönlichen Angriffen umgehen sollen und überlassen es in deutsch-polnischen Gruppen häufig den deutschen Partnern, Angelegenheiten auszudiskutieren. Dies würde begreiflich machen, warum Herr Grabowski eine Konfrontation in der Besprechung meidet. Allerdings erklärt diese Antwort nicht, warum er später Herrn Gröbner seine wirkliche Meinung offenbart, denn auch hier kann es zu einer Auseinandersetzung mit dem deutschen Kollegen kommen. Eine andere Antwort ist hier besser geeignet.

- Beantworten Sie bitte folgende Frage: Wie würden Sie sich in einer ähnlichen Situation verhalten?

■ Lösungsstrategie

Herr Grabowski will eine Verletzung von Herrn Gröbners Gefühlen vermeiden und hält sich mit seinen Ansichten über das besprochene Projekt zurück. Die Scheu vor offenen, kritischen Äußerungen kann in Gesprächsrunden, in denen die Teilnehmer sich auf der gleichen Hierarchieebene befinden, allmählich gelockert werden, indem man die Kollegen beständig um ihre Meinung bittet und sie für ihre Beteiligung lobt. Trotzdem werden sie sich vermutlich weiterhin mit kritischen Beiträgen zurückhalten, wenn sie befürchten, dass sie damit andere Personen verletzen könnten. Heikle Themen sollten daher besser unter vier Augen besprochen werden.

Herr Gröbner sollte sich gegenüber Herrn Grabowski dankbar zeigen, dass er ihm gegenüber seine ehrliche Meinung offenbart hat und ihm versichern, dass er den Inhalt des Gesprächs nicht weitergeben werde. Zugleich sollte er bekräftigen, dass er sich durch die Kritik an dem Projekt keinesfalls persönlich angegriffen fühlt, sondern Herrn Grabowskis Ehrlichkeit sehr begrüßt und sich wünschen würde, er würde seine Einschätzung auch dem restlichen Vorstand mitteilen, da sie wichtige Aspekte berücksichtigt.

Deutsche interpretieren die Weitergabe von Informationen unter der Hand fälschlicherweise als unehrlich, dabei ist es oft der beste und auch einzige Weg in Polen, um an wichtige Informationen zu gelangen. Beziehungsnetze werden häufiger zur Weitergabe von Information genutzt als offizielle Kommunikationswege, denn nur so kann man kontrollieren, welchen Personen vertrauliche Auskünfte zukommen. Rundbriefe oder Mitteilungen, die für alle einsehbar sind, werden in Polen dagegen sehr vage formuliert und enthalten nur wenig konkrete Informationen. Herrn Grabowskis Offenheit kann daher als Zeichen von Sympathie und Wertschätzung aufgefasst werden. Wenn Herr Gröbner die Beziehung zu seinem polnischen Kollegen vertiefen möchte, könnte er ihn und seine Familie zum Abendessen nach Hause einladen. Das wäre nach polnischen Verhältnissen nicht ungewöhnlich, denn man trifft sich gern im privaten Kreis, um zusammen zu essen und zu feiern. Ein gemeinsamer Drink nach

Arbeitsschluss ist dagegen weniger verbreitet; die meisten Polen verbringen den Feierabend lieber zu Hause bei ihrer Familie.

Beispiel 5: Die Standardisierung

Situation

Herr Lingel ist neuer Geschäftsführer der polnischen Filiale einer deutschen Baufirma. Bisher hatten die polnischen Abteilungsleiter in ihrem jeweiligen Zuständigkeitsbereich die Geschäftsbriefe nach ihren Vorstellungen gestaltet. Dementsprechend kursieren in der Firma unterschiedliche, stark voneinander abweichende Formate, was eine schnelle Bearbeitung oft erschwert. Um Arbeitsabläufe effizienter zu gestalten, führt Herr Lingel neue Standards in der Firma ein. Unter anderem sollen Briefe in Zukunft einheitlich gestaltet sein, damit Informationen wie Absender, Adressat und Datum schneller erfasst werden können. Aber nach der Einführung einer einheitlichen Gestaltung bleiben einige Abteilungsleiter bei ihrer eigenen Form und sind nur schwer von den Vorteilen der Neuerung zu überzeugen. Herr Lingel ist überrascht von den unerwarteten Schwierigkeiten bei dieser einfachen Standardisierungsmaßnahme.

Wie erklären Sie sich das Entstehen dieser Schwierigkeiten?

- Lesen Sie nun die Antwortalternativen nacheinander durch.
- Bestimmen Sie den Erklärungswert jeder Antwortalternative für die gegebene Situation und kreuzen Sie ihn auf der darunter liegenden Skala entsprechend an. Es ist möglich, dass mehrere Antwortalternativen den gleichen Erklärungswert besitzen.

Deutungen

a) Die Geschäftspartner der einzelnen Abteilungen haben sich an die jeweilige Briefform gewöhnt. Die Abteilungsleiter möchten sie nicht durch eine Änderung des vertrauten Formats verschrecken.

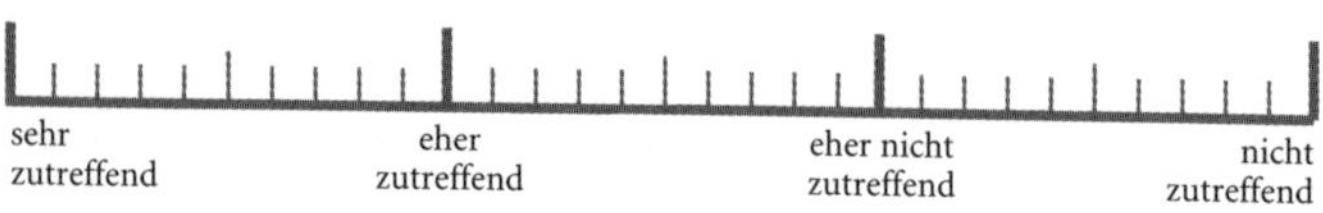

b) Die Abteilungsleiter empfinden die Standardisierung als Eingriff in ihren Kompetenzbereich. Sie sehen sich selbst als qualifiziert genug, um eigenständig Briefformate entwickeln zu können.

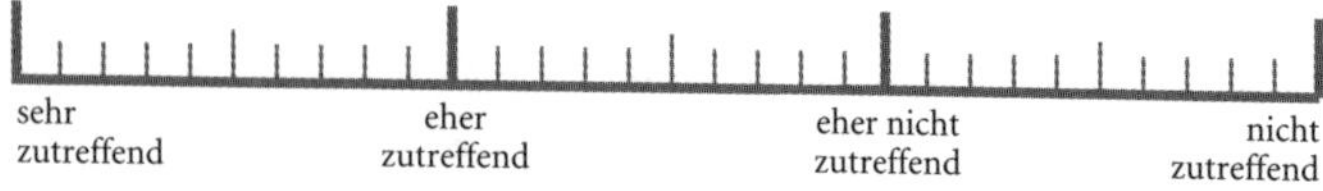

c) Die Mitarbeiter sehen nicht ein, warum das Briefformat standardisiert werden soll. Schließlich ging es bis jetzt auch ganz gut ohne.

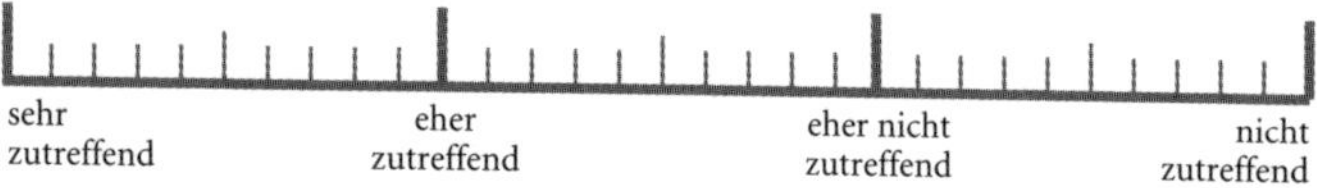

d) Die polnischen Abteilungsleiter sehen ihre Individualität verletzt und leisten daher passiven Widerstand.

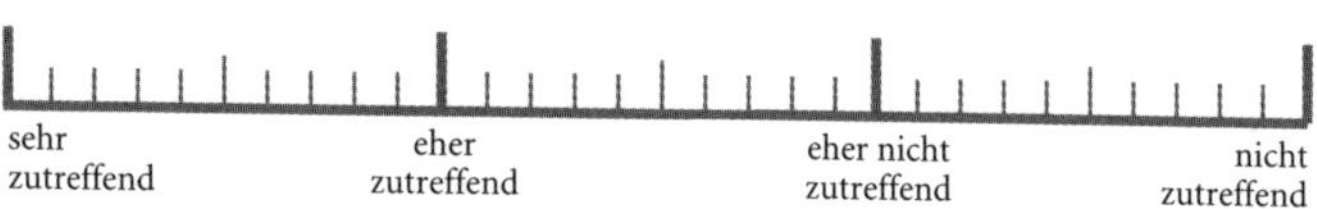

- Versuchen Sie, Ihre Einstufung jeder Antwortalternative zu begründen. Halten Sie die Begründung in schriftlicher Form stichpunktartig fest.
- Lesen Sie nun die Erläuterungen zu jeder Antwortalternative und vergleichen Sie diese mit Ihren eigenen Begründungen.

■ Bedeutungen

Erläuterung zu a):

Es ist unwahrscheinlich, dass durch eine Veränderung des Briefformats die Beziehung zu den Geschäftspartnern ernsthaft gestört werden würde. Schriftlicher Kommunikation wird in Polen wenig Bedeutung beigemessen, denn der Kontakt zwischen Unternehmen und Geschäftspartnern ist als persönliche Beziehung gestaltet. Gibt es etwas Wichtiges zu besprechen, geschieht dies über telefonische Kontakte oder man trifft sich zu einem persönlichen Gespräch. Daher trifft diese Antwort hier nicht zu.

Erläuterung zu b):
Aus polnischer Sicht ist es schwer zu verstehen, warum den Abteilungsleitern ein so einfacher Vorgang wie die Gestaltung von Briefen entzogen wird. Herr Lingel scheint keine sehr hohe Meinung von den Fähigkeiten seiner Mitarbeiter zu haben. Viele polnische Mitarbeiter empfinden es als unangemessen, wenn man sich über die klare Aufgabenverteilung innerhalb beruflicher Hierarchien hinwegsetzt und in den Kompetenzbereich von Kollegen eingreift. Es entsteht der Eindruck, als würde man ihnen nicht zutrauen, ihre Aufgaben selbstständig erledigen zu können. Durch die geringe Trennung zwischen Person und Sache wird diese Vorgehensweise auch als Herabsetzung der anderen Person betrachtet und trifft daher auf wenig Akzeptanz. Dies könnte die ablehnende Haltung gegenüber der Standardisierung erklären, es gibt aber eine Begründung, die den kulturellen Hintergrund der Situation noch treffender erfasst.

Erläuterung zu c):
Nach Meinung der Abteilungsleiter macht die Standardisierung des Briefformats keinen Sinn, denn Briefe können auf verschiedene Arten gestaltet sein und trotzdem ihren Zweck erfüllen. Aus polnischer Sicht können verschiedene Wege zum Ziel führen und dabei gleichberechtigt nebeneinander stehen. Diese nicht-lineare Denkweise wirkt auf deutsche Führungskräfte oftmals unstrukturiert, ist aber eine der Voraussetzungen für die Flexibilität polnischer Handlungsorganisation. Verschiedene Handlungsmöglichkeiten werden zu jeder Zeit in Betracht gezogen und können im entsprechenden Fall schnell umgesetzt werden. Dieser Aspekt spielt hier sicherlich eine Rolle, es gibt aber eine bessere Erklärung für das Verhalten der Mitarbeiter.

Erläuterung zu d):
Für die polnischen Abteilungsleiter steht nicht der sachliche Nutzen der Standardisierung im Vordergrund. Sie interpretieren

Herrn Lingels Anordnung auf persönlicher Ebene. Die Angleichung der Briefformate kommt einer Missachtung ihrer Individualität gleich, die es zu verteidigen gilt. Vielleicht gab es auch schon vorher Anweisungen von der deutschen Firmenleitung, die für Unmut sorgten. Gerade weil es sich bei der Standardisierung eher um eine Lappalie handelt, wird sie genutzt, um ein Zeichen zu setzen. Im historisch übertragenen Sinne bewahrt man sich hier das »alte Polen« gegen die Fremdbesatzer, indem die Anordnungen des nichtpolnischen Vorgesetzten ignoriert werden. Die Abteilungsleiter wollen der Firma nicht schaden, allein die symbolische Wirkung zählt. Eine offene Auseinandersetzung würde jedoch starke negative Emotionen verursachen und daher wird sie lieber durch den passiven Widerstand umgangen. Die Wertschätzung und die Verteidigung individueller Würde sind tief in der polnischen Alltagskultur verankert und erklären diese Situation am besten.

- Beantworten Sie bitte folgende Frage: Wie würden Sie sich in einer ähnlichen Situation verhalten?

■ Lösungsstrategie

In den zuvor geschilderten Situationen dieses Themenbereichs wurde darauf geachtet, die Gefühle anderer Personen nicht zu verletzen. In dieser Situation sehen die Abteilungsleiter ihr eigenes Gefühl von Würde bedroht und riskieren durch ihren passiven Widerstand auch Konflikte. Das historisch bedingte Verhalten, die eigene Individualität gegen Druck von oben zu verteidigen, mag aus heutiger Sicht an Aktualität verloren haben, ist aber tief im polnischen Selbstverständnis verankert und muss im Umgang mit polnischen Partnern stets berücksichtigt werden.

Vor der Einführung des neuen Standards für Briefformate hätte Herr Lingel in persönlichen Gesprächen mit den Abteilungsleitern ihre Ideen und Vorstellungen erfragen können. Die Umsetzung eines gemeinsam entwickelten Briefformats wird weit weniger Widerstand hervorrufen, da sie nicht als fremdbestimmt empfunden wird.

Um nachträglich das in dieser Situation beschriebene unkooperative Verhalten seiner Kollegen zu ändern, muss Herr Lingel das persönliche Gespräch mit den Abteilungsleitern suchen. Dabei kann nicht mit einer in Deutschland üblichen offenen Aussprache gerechnet werden; dazu ist der polnische Kommunikationsstil zu vorsichtig und subtil. Herr Lingel kann aber versuchen, die Vorteile des einheitlichen Formats hervorzuheben und Verständnis für die Neuerung zu schaffen. Dabei muss er vermeiden, die früheren Briefformate zu kritisieren, denn sie stehen stellvertretend für die bisherige Arbeit der einzelnen Abteilungen. Stattdessen kann er deren bisherigen Vorteile hervorheben, schließlich erfüllten sie für sich genommen ihren Zweck. Nun müssten sie aber der neuen Unternehmenssituation angepasst werden.

Gerade Personen in gehobenen Positionen können einerseits neue Vorgesetzte aus dem Westen willkommen heißen und sich über den neuen Kollegen freuen, sich aber andererseits mit ihren eigenen Kompetenzen in die Ecke gedrängt fühlen. Ein verständnisvoller Umgang und der Aufbau von Vertrauen sind wie immer wichtig. Unter Umständen ist es ratsam, sich an externe Berater oder an einen guten polnischen Bekannten zu wenden, um die Ursache für ein Widerstandsverhalten herauszufinden und zu verstehen.

In Polen stellt die Interaktion mit einer deutschen Führungskraft aus historischen Gründen eine Besonderheit dar. Das Bild deutscher Dominanz und Aggressivität, das sich aus verschiedenen historischen Ereignisse zusammensetzt – die Auseinandersetzungen mit dem Deutschen Orden 1308 bis 1525, die Besetzung durch die Teilungsmacht Preußen 1772, der Überfall durch die deutsche Wehrmacht 1939 –, weckt in vielen Polen die Angst vor einem Ausverkauf ihres Landes und einer erneuten Machtübernahme durch deutsche Unternehmer und Manager. Verhält man sich als Deutscher übermäßig autoritär oder menschlich unnahbar, werden polnische Mitarbeiter schnell in ihre traditionelle Widerstandshaltung fallen. Deshalb ist es gerade als deutsche Fach- und Führungskraft in Polen wichtig, angeblich typisch deutsche Verhaltensweisen wie Übergenauigkeit, Gefühlskälte und Machtstreben zu meiden und sich von einer menschlichen

Seite zu zeigen. Dies ist nicht weiter schwer und viele Polen sind in den ersten Begegnungen mit Deutschen positiv überrascht, wie wenige der allgemein verbreiteten Vorstellungen über die angeblich distanzierten und gefühlsarmen Nachbarn sich tatsächlich bewahrheiten.

Der Aufbau von Vertrauen und positiven Beziehungen muss für Deutsche in Polen einen zentralen Stellenwert einnehmen. Existiert eine gute Beziehung, bemühen sich die Mitarbeiter Anordnungen korrekt umzusetzen, auch um ihrem Vorgesetzten einen persönlichen Gefallen zu tun.

Kulturelle Verankerung von »Personenbezogene Emotionalität«

Der Mensch und seine Befindlichkeit stehen in der polnischen Kultur im Zentrum. Abstrakten Konzepten wie Aufgaben, Zielen, Regeln und Zeitrahmen wird nur wenig Bedeutung beigemessen, außer sie werden durch bestimmte wertgeschätzte Personen repräsentiert (vgl. Thomas, Layes u. Kammhuber, 1998). Zugleich muss die Gefühlslage von Personen – auch die eigene – beachtet und geschützt werden, selbst wenn sachliche Zwänge dagegen stehen. Die Achtung des Individuums und die Bedeutung von Emotionen sind in Polen handlungssteuernd.

Die Wertschätzung der Individualität darf nicht mit einem Individualismus im Sinne von »Jeder ist seines eigenen Glückes Schmied!« verwechselt werden. In Deutschland werden Selbstbewusstsein und Durchsetzungskraft positiv bewertet und gelten als Voraussetzung für das Erreichen persönlicher Ziele, auch wenn dies unter Umständen auf Kosten anderer geschieht. In der polnischen Kultur bewirkt die Achtung der Individualität eher das Gegenteil: Der Fokus der Aufmerksamkeit ist nicht nur auf die eigene Person, sondern auch auf die Menschen um einen herum gerichtet. Durch die allgemeine Wertschätzung der eigenen Individualität – aber auch der des Gegenübers – entsteht ein durch gegenseitigen Respekt geprägter Umgang. Diese Haltung kann unterschiedlich stark ausgeprägt sein: Gegenüber Bekannten und Freunden fühlt man sich eher zu respektvollem Verhalten verpflichtet als gegenüber einem Fremden auf der Straße.

Innerhalb dieses Kulturstandards ist vor allem die handlungssteuernde Funktion von Emotionen zu berücksichtigen. Das Individuum und seine Befindlichkeit, sein Schicksal und seine Gefühle stehen über technokratischen Überlegungen. Während in Deutschland nüchterne Sachlichkeit und Rationalität als Kennzeichnen von Professionalität gelten, werden in Polen andere Personen in erster Linie danach bewertet, ob sie »menschlich« sind. Höflichkeit und Mitleid, Sensibilität und Einfühlsamkeit sind zentrale Tugenden der polnischen Alltagskultur und charakterisieren einen guten Menschen (»ludzki człowiek«). Analog dazu lautet auch eine Kernaussage der polnische Erziehung: »Sei lieb!«. Zur Menschlichkeit zählt nach polnischem Verständnis auch, persönliche Schwächen zu zeigen und zu ihnen zu stehen.

Der Einfluss der personenbezogenen Emotionalität wird vor allem im zwischenmenschlichen Kontakt sichtbar. Angelegenheiten, die negative Emotionen auslösen könnten, werden nach Möglichkeit umgangen. So wird beispielsweise eine Bitte angenommen, selbst wenn sie gar nicht erfüllt werden kann, um das Gegenüber nicht enttäuschen zu müssen. Insbesondere Kritik wird gemieden, um die Gefühle des anderen nicht zu verletzen und um selbst nicht als hartherzig oder grausam zu erscheinen. Diese Sensibilität zeigt sich auch in dem vorsichtigen, indirekten Kommunikationsstil, den viele Polen wählen. Vieles erschließt sich sozusagen nur zwischen den Zeilen, ohne direkt ausgesprochen zu werden. Diese subtile Kommunikation war auch zu Zeiten der Besatzung oft die einzige Möglichkeit, ungestraft seine politischen Ansichten zum Ausdruck zu bringen. Dem Kontext, in dem Kommunikation stattfindet, kommt dabei in Polen eine größere Bedeutung zu als in Deutschland. Außerkommunikative Faktoren wie Tonfall, Mimik oder Gestik spielen eine Rolle und werden zusätzlich zum Gesprächsinhalt interpretiert; auch situative Aspekte werden beachtet. So sollte ein Geschäftstreffen nicht zwischen Tür und Angel erfolgen, sondern in einem Rahmen, der gegenüber den Geschäftspartnern Wertschätzung ausdrückt, zum Beispiel in einem exklusiven Restaurant.

Ein weiterer Aspekt dieses Kulturstandards ist die Verquickung von Person und Sache. Äußerungen und Handlungen werden danach überprüft, welche Bedeutung sie für einen persönlich haben und ob man durch sie Wertschätzung erfährt oder nicht. Eine Trennung zwischen Person und Sache, wie man sie in Deutschland kennt, findet in Polen seltener statt. Kritik an der Sache wird auch als Herabsetzung derjenigen Person gewertet, die mit dieser Sache in Verbindung steht und als absichtliche Verletzung interpretiert. Dies findet sich auch in einer besonderen Empfindlichkeit bezüglich nationaler Fragen wieder: Äußern Ausländer Kritik an den Verhältnissen in Polen, reagieren polnische Gesprächspartner meist mit starker persönlicher Betroffenheit.

Bereits zur Zeit der Adelsrepublik (1569–1795) waren die Ideale des Kleinadels, der »Szlachta«, geprägt vom Glauben an den Wert des Individuums. Selbst nach dem Niedergang der Adelsrepublik war für die polnische Nation während der Besatzungszeit die Wahrung der individuellen Würde von zentraler Bedeutung, denn häufig war sie das Letzte, über das man noch frei verfügen konnte. Glaubte man sich in seiner Individualität und Würde verletzt, entwickelte sich ein starker emotionaler Widerstand, der zur Gründung patriotischer Untergrundbewegungen und zu offenen, wenn auch meist aussichtslosen Auseinandersetzungen mit den übermächtigen Fremdherrschern führte. Auch heute noch kann die Missachtung von Individualität und Würde Widerstände auf polnischer Seite hervorrufen, die auf subtile Weise den Arbeitsalltag behindern können. Beide Seiten müssen den Standard »Personenbezogene Emotionalität« berücksichtigen, sonst kommt es zu einem Abbruch einer interpersonellen Interaktion.

Plannerer

Themenbereich 2: Soziale Beziehungen

Beispiel 6: Das erste Treffen

Situation

Herr Danck arbeitet als Vorstandsmitglied bei der polnischen Repräsentanz einer großen deutschen Versicherungsgesellschaft. Da die Gesellschaft eine polnische Großbank als neuen Geschäftspartner gewinnen möchte, lädt Herr Danck Vertreter dieser Bank zu einem gemeinsamen Gespräch ein, bei dem neben anderen Kollegen auch sein Vorgesetzter, der polnische Vorstandsvorsitzende Herr Brzedzik, anwesend ist. Die Vertreter der Bank erkundigen sich nach den bisherigen Erfahrungen der Versicherungsgesellschaft in ihrer Zusammenarbeit mit anderen Banken. Herr Danck berichtet bereitwillig über gezahlte Provisionen und die Höhe der Umsätze. Nach dem Treffen gibt ihm sein Vorgesetzter, Herr Brzedzik, zu verstehen, dass es unverantwortlich von ihm gewesen sei, diese Informationen preiszugeben. Herrn Danck kann diese Aufregung nicht nachvollziehen, da seiner Meinung nach die Bank die von ihm gelieferten Angaben sowieso herausbekommen hätte. Außerdem wünscht seine Gesellschaft ja eine Zusammenarbeit und müsse deshalb auch konkrete Angebote und Vorgaben liefern.

Wie erklären Sie sich die Herrn Brzedziks Reaktion?

- Lesen Sie nun die Antwortalternativen nacheinander durch.
- Bestimmen Sie den Erklärungswert jeder Antwortalternative für die gegebene Situation und kreuzen Sie ihn auf der darunter liegenden Skala entsprechend an. Es ist möglich, dass mehrere Antwortalternativen den gleichen Erklärungswert besitzen.

Deutungen

a) Als Vorstandsvorsitzender sieht Herr Brzedzik es als seine Aufgabe an, das Gespräch zu führen und über Konditionen zu verhandeln. Er ist verärgert, dass Herr Danck ihm das nicht überlassen hat.

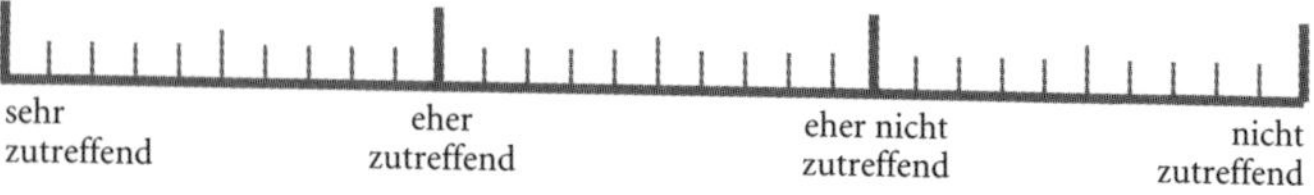

b) Die ersten Gespräche waren als informelle Treffen geplant. Herr Dancks sachbezogene Ausführungen haben die Gesprächsatmosphäre gestört.

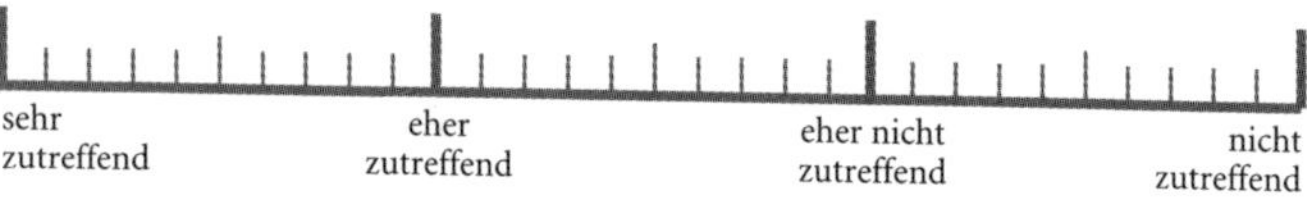

c) Durch das Preisgeben von Firmeninterna hat sich Herr Danck gegenüber der Gesellschaft unloyal verhalten und erhält dafür von Herrn Brzedzik eine Abmahnung.

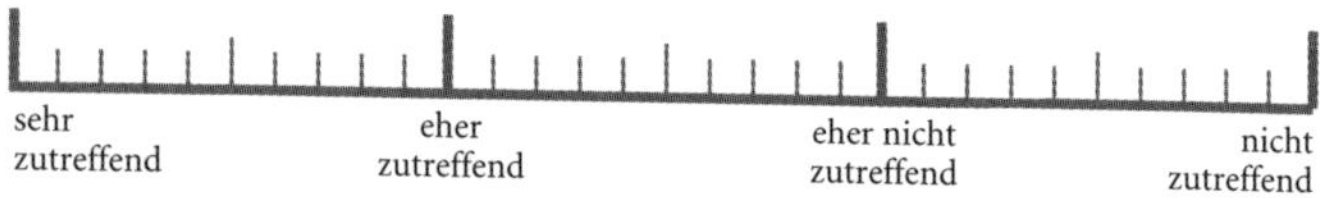

d) Nach Meinung von Herrn Brzedzik hat Herr Danck die Geschäftspartner durch seine direkte und offene Art irritiert und somit das gesamte Geschäftsprojekt gefährdet.

- Versuchen Sie, Ihre Einstufung jeder Antwortalternative zu begründen. Halten Sie die Begründung in schriftlicher Form stichpunktartig fest.
- Lesen Sie nun die Erläuterungen zu jeder Antwortalternative und vergleichen Sie diese mit Ihren eigenen Begründungen.

■ Bedeutungen

Erläuterung zu a):
Durch Herrn Dancks Verhandlungsführung wurde der Anschein erweckt, als würde er an der Kompetenz und den Verhandlungsfähigkeiten seines Vorgesetzten, Herr Brzedzik, zweifeln. In der Hierarchie polnischer Unternehmen sind Aufgaben und Kompetenzen klar verteilt. Die Gesprächsführung und das Aushandeln von Vertragskonditionen wird in Verhandlungen meist der Person überlassen, die hierarchisch am höchsten gestellt ist. Polnische Mitarbeiter meiden nach Möglichkeit, in den Aufgabenbereich ihres Vorgesetzten einzugreifen und somit seine Autorität in Frage zu stellen. Diese Respektlosigkeit könnte negative Konsequenzen nach sich ziehen. Allerdings ist von deutschen Führungskräften allgemein bekannt, dass sie sich ungeachtet ihrer Position stets aktiv an Gesprächen beteiligen. Herr Brzedzik hätte eigentlich mit Herrn Dancks Verhalten rechnen müssen. Diese Antwort erklärt sein Verhalten nicht ausreichend, es lässt sich allerdings nicht ausschließen, dass dieser Faktor eine Rolle gespielt hat.

Erläuterung zu b):
Herr Danck hat das Gespräch zu schnell auf eine sachliche Ebene gebracht. In dieser Situation bezog sich die Frage der polnischen Verhandlungspartner vermutlich nur auf allgemeine Erfahrungen mit anderen Kunden und sollte einen lockeren Smalltalk anregen. An konkreten Zahlen waren sie nicht interessiert; für sie ist es wichtiger, sich ein Bild von der Persönlichkeit ihrer Geschäftspartner machen zu können. Letztendlich wird in erster Linie die persönliche Beziehung darüber entscheiden, ob eine Zusammenarbeit mit der Bank zustande kommt oder nicht. Darüber hinaus vertrauen polnische Kunden oder Geschäftspartner konkreten Zahlen und Fakten weniger als deutsche. Die Realität ist nach polnischer Meinung viel komplizierter, als dass man sie durch abstrakte Daten beschreiben könnte. Wer dies trotzdem versucht, gilt als unglaubwürdig und könnte sich als potenzieller Geschäftspartner in Misskredit bringen. Diese Sichtweise erklärt Herrn Brzedziks Reaktion am besten.

Erläuterung zu c):
Loyalität gegenüber dem Unternehmen ist in Polen noch wenig ausgeprägt. Gegenüber einer Instanz empfindet man keine Verpflichtung; anders steht es dagegen bei Personen. Will man jemanden einen Gefallen tun oder die Beziehung zu einem Kunden pflegen, können Firmeninteressen in den Hintergrund treten. Herrn Dancks Offenheit und Ehrlichkeit gegenüber dem Kunden ist für den Aufbau einer guten Beziehung normalerweise förderlich und müsste auch von Herrn Brzedzik positiv bewertet werden. Für ein Erstgespräch sind seine Ausführungen aber eher unangebracht. Der Grund dafür ist in einer anderen Antwort enthalten.

Erläuterung zu d):
Herr Danck ist in den Augen des polnischen Vorgesetzten geradezu mit der Tür ins Haus gefallen und hat die andere Seite unter Druck gesetzt, ihrerseits konkrete Vorstellungen zu nennen. Dies hat mit großer Wahrscheinlichkeit auf die Geschäftspartner keinen guten Eindruck gemacht. Die polnische Kommunikation ist in vielen Bereichen subtiler und indirekter als es in Deutschland üblich ist. Ein offener und direkter Kommunikationsstil, wie ihn viele Deutsche wählen, wirkt auf Polen häufig ungeschickt und stört die Gesprächsatmosphäre. Daher wäre es nicht ungewöhnlich, wenn die Mitarbeiter der Bank zu einem späteren Zeitpunkt mitteilen würden, dass sie keine gemeinsame Grundlage für den Abschluss eines Geschäftes sehen. Diese Problematik deutsch-polnischer Kommunikation führt häufig zu Missverständnissen und spielt hier sicher eine Rolle, wenngleich eine andere Antwort die Situation besser erklärt.

- Beantworten Sie bitte folgende Frage: Wie würden Sie sich in einer ähnlichen Situation verhalten?

■ Lösungsstrategie

Für Deutsche bedeutet der Beginn eines Geschäftstreffens zugleich den Start der konkreten Verhandlungen. Man hält sich selten mit Nebensächlichkeiten auf, sondern kommt direkt zum Kern des Interesses. In Polen ist es dagegen üblich, die ersten Treffen mit neuen Geschäftspartnern ausschließlich für informelle Gespräche und Small Talk zu reservieren, um den Beziehungsaufbau zu fördern. In deutsch-polnischen Geschäftsverhandlungen wirkt daher die deutsche Vorgehensweise auf die polnischen Partner eher irritierend: Sie wissen nicht, wie sie mit diesem ihrer Meinung nach offensiven und vorschnellen Verhalten umgehen sollen.

Herr Danck hätte darauf achten müssen, dass sich dieses erste Gespräch mit den Vertretern der polnischen Bank möglichst harmonisch abläuft, ohne allzu konkret oder sachlich zu werden. Er hätte auf die Frage nach den bisherigen Erfahrungen eher allgemein antworten und die bisherigen positiven Erfahrungen mit derartigen Kooperationen betonen oder die Frage an seinen Vorgesetzten weitergeben können. Gerade in diesem ersten Treffen kann Herr Danck Missverständnisse vermeiden, wenn er den Großteil der Gesprächsführung und damit den Beziehungsaufbau seinen polnischen Kollegen überlässt.

Als deutscher Verhandlungspartner sollte man darauf achten, dass die ersten Begegnungen in einem angenehmen Rahmen stattfinden, üblicherweise in einem guten Restaurant. Ein Treffen im Büro ist ein Zeichen für mangelnde Wertschätzung des Gegenübers. Während der ersten Gespräche können auch berufliche Erfahrungen ausgetauscht werden, allerdings sollte der Gesprächsinhalt möglichst weit vom eigentlichen Kern der Verhandlungen entfernt sein. Man tauscht Anekdoten und gemeinsame Erlebnisse aus und erkundigt sich nach der Familie oder gemeinsamen Bekannten. Auch wenn in den ersten Treffen bereits Gespräche über eine mögliche Zusammenarbeit stattfinden, hat dies nicht den verbindlichen Charakter, wie es Deutschen erscheinen mag. Man tüftelt etwas aus, überlegt sich bestimmte Vorgehensweisen, ohne allzu konkret zu werden, denn selbst das gemeinsame Ideenschmieden steht im Dienste des Beziehungsaufbaus. Polnische Partner schätzen es, wenn man gleiche Vorstellungen hat und sich gut darüber unterhalten kann.

Aus deutscher Perspektive mag diese Art der Verhandlungsführung umständlich und zeitaufwändig erscheinen; nicht wenige deutsche Fach- und Führungskräfte begehen in solchen Situationen den Fehler, auf eine Beschleunigung der Verhandlungen zu drängen und ihrerseits mit den sachlichen Gesprächen zu beginnen. Dies irritiert polnische Partner und wird als unhöflich empfunden. Hier sollte man beachten, dass die Pflege der persönlichen Ebene mindestens ebenso wichtig ist wie die später zu klärenden Sachfragen. Eine gute Beziehung garantiert Aufrichtigkeit, Loyalität und Engagement des Verhandlungspartners; dies sind Qualitäten, die mit keinem noch so gut ausgearbeiteten Vertrag abgesichert werden können und denen auch angesichts der mangelnden Rechtssicherheit in Polen eine besondere Bedeutung zukommt. Dauern die Verhandlung nach Ermessen der deutschen Seite zu lange, wäre es falsch, auf der Einhaltung von Fristen oder Terminen zu beharren. Besser ist es, die persönlichen Nachteile und Probleme darzulegen, die durch die lange Dauer der Verhandlungen entstehen, zum Beispiel den wachsenden Druck seitens der Geschäftsleitung. Persönliche Belastungen werden ernst genommen und wenn die Beziehung stimmt, wird die polnische Seite alles versuchen, um den Verhandlungspartner zu entlasten. Eine ironische Bemerkung über deutsche Tüchtigkeit und Gründlichkeit – von einem Deutschen geäußert – wirbt um Verständnis und lockert die Situation auf.

■ Beispiel 7: Die Rückmeldelisten

■ Situation

Herr Frieser ist seit einigen Monaten Geschäftsführer bei einer deutschen Versicherungsgesellschaft in Warschau. Um die Arbeitsleistung seiner Angestellten zu überprüfen, bittet er sie, von ihm erstellte Listen über Arbeitszeit über Vertragsabschlüsse auszufüllen und wöchentlich an ihn zurückzuschicken. Die meisten Listen treffen allerdings erst nach mehreren Wochen ein, manche überhaupt nicht. Herr Frieser ist verärgert darüber, dass nur ein Teil der Mitarbeiter seiner Aufforderung nachkommt. In einem gemeinsamen Gespräch weist er sie zurecht und macht ihnen deutlich, dass sie sich ihm als Vorgesetzten gegenüber anders zu verhalten haben. Die Mitarbeiter wirken betreten, trotzdem ändert sich an ihrem unregelmäßigen Rückmeldeverhalten nichts.

Wie erklären Sie sich das Verhalten der polnischen Mitarbeiter?

- Lesen Sie nun die Antwortalternativen nacheinander durch.
- Bestimmen Sie den Erklärungswert jeder Antwortalternative für die gegebene Situation und kreuzen Sie ihn auf der darunter liegenden Skala entsprechend an. Es ist möglich, dass mehrere Antwortalternativen den gleichen Erklärungswert besitzen.

Deutungen

a) Die Mitarbeiter können nicht nachvollziehen, warum Herr Frieser eine Überprüfung anordnet. Ihrer Ansicht nach braucht es dafür einen konkreten Anlass, zum Beispiel einen starken Profitrückgang.

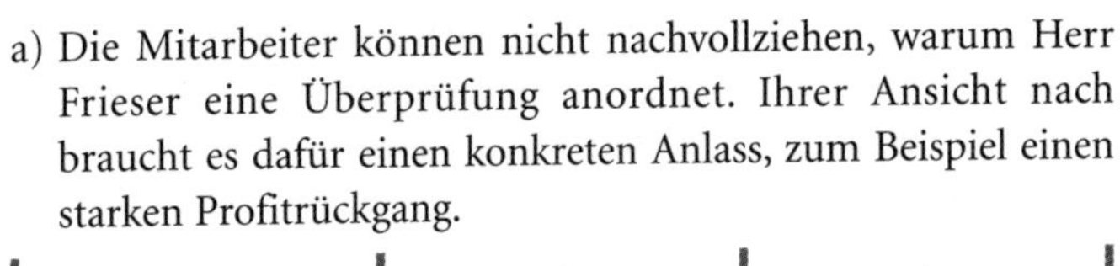

b) Herr Frieser hat seinen Mitarbeitern nicht mit konkreten Konsequenzen gedroht, daher werden seine Anordnungen nicht ernst genommen.

sehr zutreffend | eher zutreffend | eher nicht zutreffend | nicht zutreffend

c) Die Mitarbeiter sind verärgert, weil Herr Frieser ihrer Arbeitsmotivation zu misstrauen scheint und verweigern daher die Kooperation.

sehr zutreffend | eher zutreffend | eher nicht zutreffend | nicht zutreffend

d) Die schriftliche Dokumentation ihrer Arbeitsleistung ist den Mitarbeitern unangenehm. Sie befürchten, dass diese Informationen später gegen sie verwendet werden könnten.

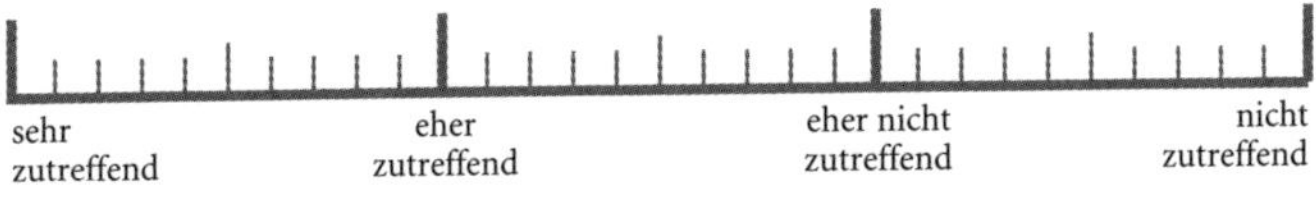

- Versuchen Sie, Ihre Einstufung jeder Antwortalternative zu begründen. Halten Sie die Begründung in schriftlicher Form stichpunktartig fest.
- Lesen Sie nun die Erläuterungen zu jeder Antwortalternative und vergleichen Sie diese mit Ihren eigenen Begründungen.

■ Bedeutungen

Erläuterung zu a):
Die Mitarbeiter sind möglicherweise der Meinung, Herrn Friesers Anordnung sei überflüssig und behindere sie nur in ihrer Arbeit. Sie ziehen daher die Bearbeitung anderer Aufgaben vor und das Ausfüllen der Listen verzögert sich immer mehr. Polnische Angestellte sehen sich als Individuen mit eigenen Ideen und Vorstellungen, die sie auch umsetzen, wenn sie es für angebracht halten. Empfinden sie eine Anordnung als unnütz und unwichtig, verliert diese an Priorität und wird zugunsten dringend erscheinender Aufgaben zurückgestellt. Obwohl Vorgesetzte in Polen eine große Autorität besitzen, bedeutet dies nicht, dass alle Anordnungen tatsächlich eins zu eins übernommen werden. Allerdings hat Herr Frieser durch sein Auftreten deutlich gemacht, wie wichtig ihm die Angelegenheit ist und dass sie nicht beiseite geschoben werden kann. Daher ist eine andere Erklärung hier besser geeignet, auch wenn diese Einschätzung hier eine Rolle spielen mag.

Erläuterung zu b):
Herr Frieser hätte durch Drohungen die Arbeitsleistung der Mitarbeiter nicht verbessern können, denn er hat bereits verdeutlicht, dass ihm die Sache wichtig ist. Autoritäres Verhalten hat zudem keinen besonders guten Ruf und stört die persönlichen Beziehungen, auch wenn einige polnische Vorgesetzte diesen Führungsstil bis heute pflegen. Manche Polen fühlen sich dadurch an die Unterdrückung durch das kommunistische Regime oder durch die Besatzungsmächte erinnert. In dieser Situation wird Herrn Friesers Anweisung von den Mitarbeitern auch ohne die Androhung von Konsequenzen durchaus ernst genommen.

Der Grund für die mangelnde Kooperation ist in einer anderen Antwort enthalten.

Erläuterung zu c):
Aus Sicht seiner Mitarbeiter kann Herr Frieser anhand der Firmenbilanz erkennen, dass sie ihre Arbeitszeit vernünftig nutzen und nicht träge oder nachlässig sind. Als Gegenleistung für ihre gute Arbeit erwarten sie, auch weiterhin ungestört ihren Aufgaben nachgehen zu können. Da Herr Frieser aber eine Offenlegung ihrer Arbeitsmethoden verlangt, scheint er ihrem guten Willen zu misstrauen und hält sie anscheinend für faul. Das Sprichwort »Vertrauen ist gut, Kontrolle ist besser« gilt in Polen eher umgekehrt. Gegenseitiges Vertrauen ist hier die Basis für eine gute Beziehung und damit auch für eine erfolgreiche berufliche Zusammenarbeit. Herrn Friesers Kontrollmaßnahmen haben das Vertrauen zerstört und er kann nicht erwarten, dass sich seine Mitarbeiter kooperativ zeigen. Diese Erklärung reflektiert den kulturhistorischen Hintergrund am besten.

Erläuterung zu d):
Die Mitarbeiter halten sich mit dem Ausfüllen der Listen zurück, da sie über die Interpretation dieser Daten und ihre weitere Verwendung keine Kontrolle haben. Die Listen spiegeln nach Ansicht der polnischen Mitarbeiter nur einen Ausschnitt der tatsächlichen Arbeitsleistungen und sagen nichts über den Menschen aus, der dahinter steht. In einem Gespräch könnten sie sich besser rechtfertigen und erklären, warum die Leistungen im Moment vielleicht nicht so gut sind; möglicherweise ist ein Elternteil erkrankt oder die Familie zieht gerade um. Auch auf dem Hintergrund der Bespitzelung während des Kommunismus erscheint es verständlich, dass viele Polen eine Abneigung dagegen haben, »aktenkundig« zu werden. Zwar ist es auch für Deutsche häufig unangenehm, wenn Arbeitsleistungen überprüft werden. Allerdings käme es seltener zu solchen Schwierigkeiten wie in dieser Situation. Die mangelnde Kooperation hat daher möglicherweise mit der Abneigung gegen eine schriftliche Dokumentation zu tun, wird aber durch eine andere Antwort besser erklärt.

- Beantworten Sie bitte folgende Frage: Wie würden Sie sich in einer ähnlichen Situation verhalten?

■ Lösungsstrategie

In Polen werden Kontrollen ungern durchgeführt oder werden nur widerwillig ertragen, denn Überwachung und Bestrafung ging über Jahrhunderte von fremden Besatzungsmächten aus. Zudem sind Kontrollen gleichbedeutend mit einem Mangel an Vertrauen und belasten die persönliche Ebene.

An Herrn Frieser Stelle sollte man abwägen, ob eine derartige Überprüfung der Arbeitszeit wirklich notwendig ist. Gerade wenn man neu in einem Unternehmen ist, kann ein solches Vorgehen vieles an Sympathie und Vertrauen auf Seiten der Mitarbeiter zerstören. Solange der Umsatz der Firma stimmt, scheint eine Kontrolle der Arbeitsleistung überflüssig zu sein und wird daher von den Mitarbeitern nur schwer akzeptiert. Allerdings ist es durchaus sinnvoll, wenn sich Herr Frieser von Zeit zu Zeit erkundigt, wie die Dinge laufen und ob alles in Ordnung ist. Dabei sollte er sich an der Arbeit der Mitarbeiter interessiert zeigen und als Ratgeber anbieten. Dies wirkt motivierend und verdeutlicht den Mitarbeitern indirekt, dass er ihre Arbeit persönlich schätzt. Zudem erhält man auf indirektem Weg viel eher Informationen, die zur Lagebeurteilung wichtig sind.

Gibt es begründeten Anlass zur Kontrolle der Arbeitsleistung, ist es sinnvoller, Einzelgespräche mit der betreffenden Person zu führen, denn schriftliche Berichte werden meist sehr vage und ungenau gehalten. Viele polnische Arbeitnehmer sehen allerdings in solchen Gesprächen bereits ein sicheres Zeichen für ihre Entlassung und sind dementsprechend nervös. Daher muss von Anfang an klar gemacht werden, dass man sich lediglich informieren möchte, ob und wo man unterstützend eingreifen könne. Eine verständnisvolle und menschliche Atmosphäre erleichtert es den Mitarbeitern, offen ihre Probleme zu schildern.

Anordnungen oder Aufforderungen, die – wie in diesem Fall – vor einer großen Gruppe ausgesprochen werden, sind meist wirkungslos. Kaum jemand fühlt sich persönlich angesprochen und die Verantwortung wird in Gedanken an den Nächsten abgeschoben. Daher sind auch bei Problemen mit einer Gruppe von Mitarbeitern Einzelgespräche zu empfehlen.

Beispiel 8: Die Eröffnungsrede

Situation

Herr Pahlke hält auf einer offiziellen Festveranstaltung eines deutschen Unternehmens in Warschau die Eröffnungsrede. Später erfährt er, dass einige polnische Kollegen verärgert sind, weil er in der Rede ehemalige Mitarbeiter nicht erwähnt hat und stattdessen sehr viel von den Zukunftsplänen des Unternehmens gesprochen hat. Herr Pahlke kann diese Kritik nicht nachvollziehen.

Wie erklären Sie sich die Reaktion der polnischen Kollegen?

- Lesen Sie nun die Antwortalternativen nacheinander durch.
- Bestimmen Sie den Erklärungswert jeder Antwortalternative für die gegebene Situation und kreuzen Sie ihn auf der darunter liegenden Skala entsprechend an. Es ist möglich, dass mehrere Antwortalternativen den gleichen Erklärungswert besitzen.

Deutungen

a) Aus der Sicht der polnischen Kollegen hat Herr Pahlke die Geschichte und die bisherige Entwicklung des Unternehmens nicht ausreichend gewürdigt.

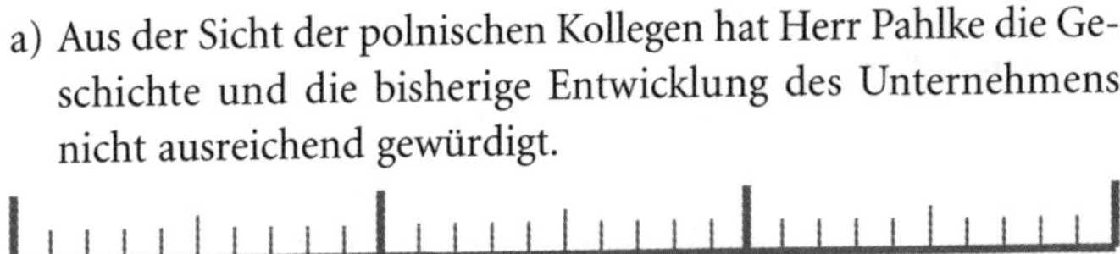

b) Herr Pahlke hat nach Meinung der polnischen Kollegen versäumt, die jetzigen Mitarbeiter zu motivieren, indem er individuelle Leistungen einzelner früherer Angestellter erwähnt.

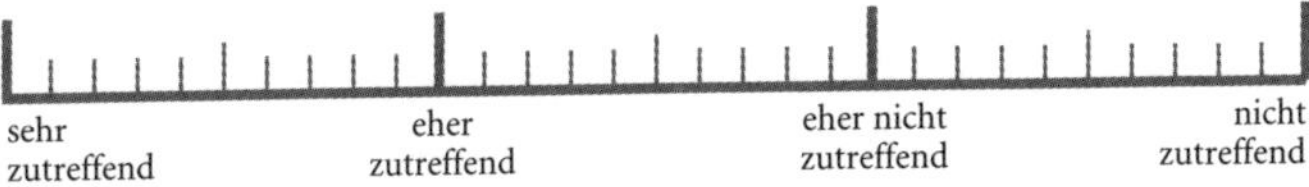

c) Nicht die Zukunft des Unternehmens ist nach Meinung der Kollegen das Wichtigste, sondern die Menschen, die dort arbeiten und ihre gemeinsamen Leistungen im Team.

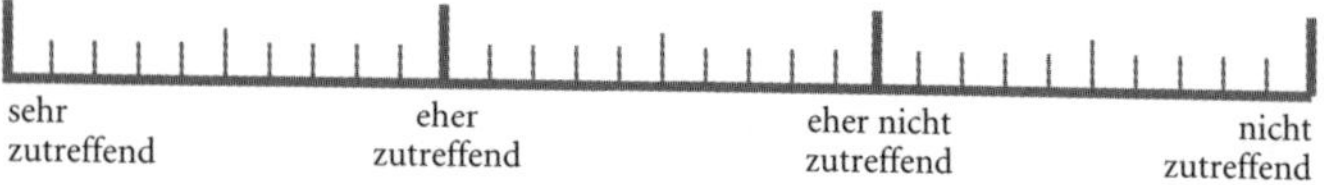

d) Unter den nicht erwähnten Mitarbeitern befinden sich auch viele ältere Personen. Die mangelnde Berücksichtigung ihrer Verdienste gilt als Respektlosigkeit.

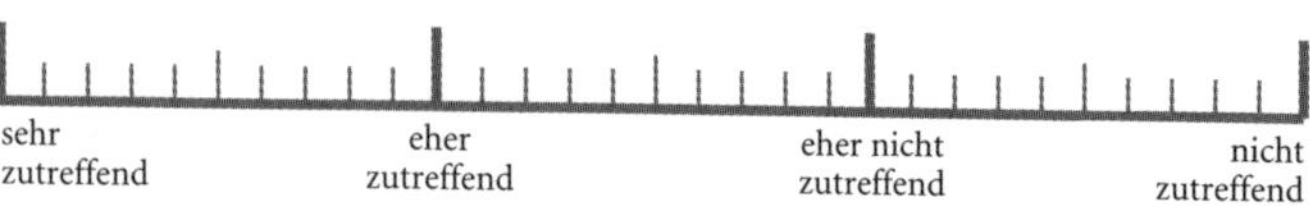

- Versuchen Sie, Ihre Einstufung jeder Antwortalternative zu begründen. Halten Sie die Begründung in schriftlicher Form stichpunktartig fest.
- Lesen Sie nun die Erläuterungen zu jeder Antwortalternative und vergleichen Sie diese mit Ihren eigenen Begründungen.

■ Bedeutungen

Erläuterung zu a):
Die Rede über die Zukunftspläne steht zwar nach Herrn Pahlkes Meinung ganz im Dienst der Firma, auf die Mitarbeiter wirkt sie dagegen eher arrogant. Es hat den Anschein, als ob seiner Ansicht nach die bisherigen Leistungen der Firma vernachlässigbar wären und erst mit seiner Person und seinen Plänen das Unternehmen zu Erfolg geführt werden könne. Dabei übersehe er alles, was bereits vor ihm geleistet worden ist und was es ihm überhaupt erst möglich gemacht hat, hier zu stehen. In Polen erfährt die Vergangenheit eine hohe Wertschätzung, während in Deutschland der Fokus stärker auf die Zukunft gerichtet ist. Aus polnischer Sicht ist es wichtig, die eigenen Wurzeln im Blick zu behalten, sowohl die persönlichen als auch die der gesamten Nation. Dieser Vergangenheitsbezug könnte hier eine Rolle gespielt haben, er erklärt allerdings nicht, warum die Kollegen der Meinung sind, dass

die ehemaligen Mitarbeiter in einer Rede explizit erwähnt werden sollten. Eine andere Erklärung umfasst mehr Aspekte der Situation.

Erläuterung zu b):
Den ehemaligen Mitarbeitern wäre es vermutlich eher unangenehm, wenn die Leistung einzelner von Herrn Pahlke besonders herausgestellt werden würden, denn zu den Tugenden der polnischen Alltagskultur zählt unter anderem Bescheidenheit. Persönlicher Ehrgeiz und Profilierungssucht sind gesellschaftlich wenig akzeptiert; sich über andere zu stellen gilt als überheblich. Erfolg ist immer eine gemeinsame Sache, daher müssen alle Beteiligten gleichermaßen gewürdigt werden. Diese Erklärung ist daher nicht zutreffend.

Erläuterung zu c):
Menschen und Beziehungen haben in Polen eine größere Bedeutung als sachliche Aspekte. Sie können, wie es hier in Herrn Pahlkes Rede geschehen ist, nicht einfach übergangen werden. Nach Ansicht seiner Kollegen hat sich Herr Pahlke unhöflich verhalten und gegenüber den ehemaligen Kollegen keine Wertschätzung gezeigt. Die Beziehung zu den ehemaligen Mitarbeitern ist nach deren Ausscheiden aus der Firma keinesfalls beendet, sondern muss weiterhin berücksichtigt werden. Eine gute Arbeitsatmosphäre, positive Beziehungen zwischen den Mitarbeitern und eine erfolgreiche Teamarbeit charakterisieren eine erfolgreiche Firma besser als die Steigerung des Umsatzes um einige wenige Prozentpunkte. Diese Einstellung schlägt sich auch in den Ergebnissen einer Umfrage des Public Opinion Research Center (CBOS) nieder. Auf die Frage, was einen guten Job ausmache, kam am dritthäufigsten die Antwort: nette Kollegen (Zagórski u. Roguska, 2004a). Diese Antwort ist zutreffend.

Erläuterung zu d):
In Polen wird viel Wert auf »edles« Verhalten gelegt. Dazu zählt unter anderem auch, ältere Personen zu respektieren und hoch zu schätzen. So ist es im Bus selbstverständlich, für eine ältere Person aufzustehen und ihr den eigenen Platz anzubieten, selbst wenn noch weitere, freie Plätze vorhanden sind. Gerade von Füh-

rungskräften werden ein angemessener Umgangston und die Verhaltensformen eines Gentlemans erwartet. Dieser spezielle Aspekt spielt hier sicherlich eine Rolle, eine andere Erklärung trifft jedoch eher zu.

- Beantworten Sie bitte folgende Frage: Wie würden Sie sich in einer ähnlichen Situation verhalten?

■ Lösungsstrategie

Der Beziehungsebene kommt in Polen eine größere Bedeutung zu als der Sachebene, und muss auch bei Ansprachen berücksichtigt werden. Herr Pahlke hat daher mit der Festrede eine schwierige Aufgabe übernommen. Er muss einerseits den Interessen des deutschen Unternehmens gerecht werden und andererseits seine polnischen Gäste ansprechen und positiv einstimmen. Um beiden Ansprüchen gerecht zu werden, könnte er seinen Redetext von einem vertrauenswürdigen und erfahrenen polnischen Kollegen oder Bekannten überprüfen lassen. Vorgeschlagene Veränderungen und Ergänzungen sollte er sich erklären und begründen lassen, um die Wirkung seiner Rede auf ein polnisches Publikum besser verstehen zu können. Allerdings sollte er nicht den Eindruck erwecken, eine rein »polnische« Rede halten zu wollen. Dies würde unecht wirken und eher auf Ablehnung stoßen.

Anstatt auf Zahlen und Fakten hinzuweisen, kann Herr Pahlke die feierliche Gelegenheit dazu nutzen, sich bei allen Mitarbeitern ausführlich für ihre Leistung zu bedanken. Ein Dank an die ehemaligen Beschäftigten macht deutlich, dass das Unternehmen bezüglich des jetzigen Erfolgs in ihrer Schuld steht und man weiterhin Wert auf eine gute Beziehung zu ihnen legt. Gerade wenn man wie Herr Pahlke erst seit kurzem in einem Unternehmen tätig ist, wirkt Bescheidenheit und Respekt vor den bisherigen Leistungen sympathisch.

Insgesamt sollte sich der Inhalt einer Rede für ein polnisches Publikum nicht ausschließlich sachlich gestalten. Die meisten Polen schätzen Humor und Ironie. Eine mit kleinen Anekdoten gespickte Ansprache wird größeren Anklang finden als eine fachliche Analyse. In keinem Fall darf Humor allerdings auf Kosten der polnischen Seite gehen; dies würde das Nationalgefühl vieler Polen empfindlich verletzen. Wer dies lieber nicht riskieren möchte, kann auch über positive Erfahrungen im Unternehmen und in Polen allgemein berichten. So schafft man eine lockere und angenehme Atmosphäre, die den weiteren Verlauf einer Veranstaltung entscheidend beeinflussen kann. Essen und Trinken spielen bei Festakten in Polen eine große Rolle, ebenso der informelle Austausch und das gemütliche Beisammensein. Fachgespräche sollte man lieber in den beruflichen Alltag verschieben.

■ Beispiel 9: Unfall auf Urlaubsreise

■ Situation

Herr Ganther verbringt seinen Urlaub mit einer ausländischen Reisegruppe im Norden Polens beim Kajakfahren. Am Wochenende verletzt sich ein Mitreisender und benötigt dringend einen Arzt. Der Reiseführer erinnert sich, dass in der nahe gelegenen Kleinstadt ein Bekannter lebt. Vielleicht kennt dieser einen Arzt aus der Gegend, der ihnen helfen könnte. Als sie versuchen, ihn anzurufen, geht dessen Nachbar, Herr Kowalski, ans Telefon, der während der Abwesenheit des Bekannten auf das Haus achtet. Er verspricht, einem befreundeten Arzt Bescheid zu geben. Kurz darauf kommt Herr Kowalski mit seinem Wagen zum Zeltplatz und holt den Patienten ab. Einige Stunden später bringt er ihn zurück und verbittet sich jeden Dank. Herr Ganther ist von dieser Hilfsbereitschaft beeindruckt. Besonders erstaunt ist er, als er erfährt, dass der Arzt die Behandlung kostenlos durchgeführt hat.

Wie erklären Sie sich das Verhalten der polnischen Beteiligten?

- Lesen Sie nun die Antwortalternativen nacheinander durch.
- Bestimmen Sie den Erklärungswert jeder Antwortalternative für die gegebene Situation und kreuzen Sie ihn auf der darunter liegenden Skala entsprechend an. Es ist möglich, dass mehrere Antwortalternativen den gleichen Erklärungswert besitzen.

Deutungen

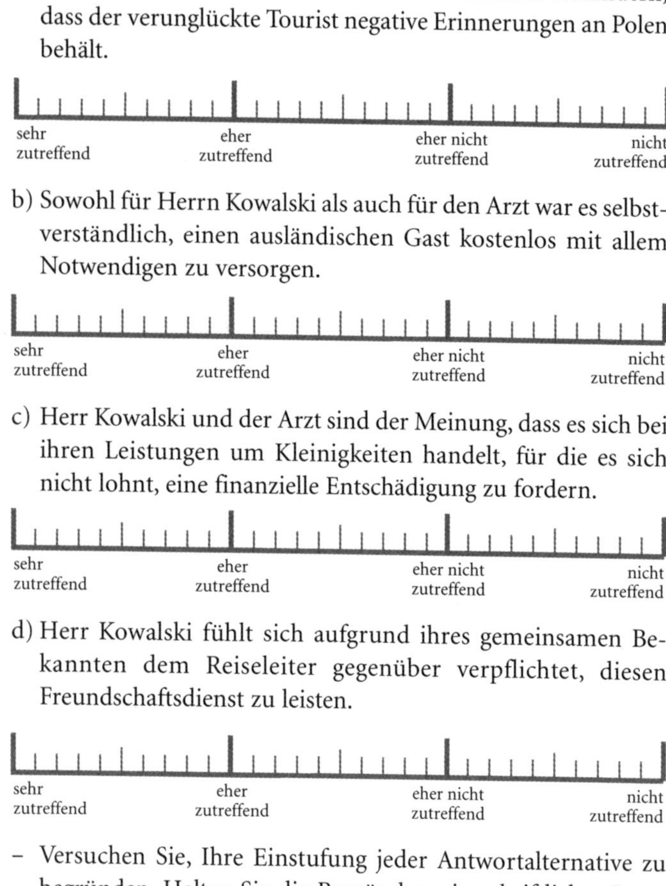

a) Herr Kowalski und der befreundete Arzt möchten verhindern, dass der verunglückte Tourist negative Erinnerungen an Polen behält.

b) Sowohl für Herrn Kowalski als auch für den Arzt war es selbstverständlich, einen ausländischen Gast kostenlos mit allem Notwendigen zu versorgen.

c) Herr Kowalski und der Arzt sind der Meinung, dass es sich bei ihren Leistungen um Kleinigkeiten handelt, für die es sich nicht lohnt, eine finanzielle Entschädigung zu fordern.

d) Herr Kowalski fühlt sich aufgrund ihres gemeinsamen Bekannten dem Reiseleiter gegenüber verpflichtet, diesen Freundschaftsdienst zu leisten.

- Versuchen Sie, Ihre Einstufung jeder Antwortalternative zu begründen. Halten Sie die Begründung in schriftlicher Form stichpunktartig fest.
- Lesen Sie nun die Erläuterungen zu jeder Antwortalternative und vergleichen Sie diese mit Ihren eigenen Begründungen.

Bedeutungen

Erläuterung zu a):
Herr Kowalski und der Arzt könnten versuchen, ihr Heimatland gegenüber den ausländischen Touristen in einem möglichst positiven Licht darstellen zu wollen. Anders als in Deutschland besteht in Polen eine starke Beziehung zu dem eigenen Land und dessen Geschichte, der sich allgemein in einem stärkeren Hang zu Patriotismus und Traditionalismus ausdrückt. Dies könnte hier zwar eine Rolle gespielt haben, ist aber für die gezeigte Hilfsbereitschaft sicher nicht allein ausschlaggebend.

Erläuterung zu b):
Gastfreundschaft hat in der polnischen Kultur ein hohes Ansehen. Ein allgemein bekanntes Sprichwort in Polen lautet daher auch: »Ist ein Gast im Haus, ist Gott im Haus« (»gość w domu, bóg w domu«). Gäste sollen sich wohl fühlen und werden gut umsorgt; die eigenen Interessen werden dabei gern zurückgestellt. Während unangemeldete Besuche in Deutschland eher unangenehm sind, freut man sich in Polen über diese Aufmerksamkeit und bewirtet seine Gäste mit allem, was man gerade im Haus findet. Für diese Situation müsste aber der Begriff der »Gastfreundschaft« sehr weit gefasst werden, da der Verletzte kein privater Gast des Arztes oder Herrn Kowalskis ist. Eine andere Erklärung erscheint hier zutreffender.

Erläuterung zu c):
Insbesondere der behandelnde Arzt wird es sich kaum leisten können, eine solche Behandlung kostenlos durchzuführen. Gerade Mediziner haben in Polen ein sehr niedriges Einkommen, so dass Nebenverdienste – auch inoffizielle – notwendig sind, um den Lebensunterhalt bestreiten zu können. Es ist kaum denkbar, dass die Aufwendungen oder die entstandenen Kosten für Fahrt und Behandlung für beide eine Kleinigkeit darstellen. Trotzdem würden sie in dieser Situation nicht auf die Idee kommen, für ihre Leistungen Geld zu verlangen. Der Grund hierfür wird in einer anderen Antwort erklärt.

Erläuterung zu d):
Herr Kowalski fühlt sich verpflichtet, auf das Hilfegesuch des Reiseleiters zu reagieren, da er über einen gemeinsamen Bekannten mit ihm in Beziehung steht. Beide sind somit Teil eines sozialen Netzwerkes, das auf dem Prinzip des Gebens und Nehmens basiert. Eine Bezahlung für Hilfeleistungen in Form von Geld wird unter Bekannten abgelehnt. Schließlich handelt es sich um einen Freundschaftsdienst, an dem man sich nicht finanziell bereichern will. Eine andere »Währung« als Geld spielt eine Rolle: persönlicher Einsatz und Zeit. Ein gut funktionierendes soziales Netzwerk war in früheren Zeiten notwendig, um überleben zu können und spielt auch heute noch in Polen eine große Rolle. Diese Antwort erklärt den kulturhistorischen Hintergrund treffend.

– Beantworten Sie bitte folgende Frage: Wie würden Sie sich in einer ähnlichen Situation verhalten?

■ Lösungsstrategie

Gefälligkeiten unter Freunden sind zwar auch in Deutschland üblich, in Polen geschieht dies allerdings mit einer weitaus größeren Selbstverständlichkeit. So könnte man in Deutschland eine Bitte abweisen mit der Begründung, man habe im Moment leider keine Zeit oder müsse gerade andere Dinge erledigen. In Polen würde dies kaum jemandem einfallen. Bittet ein Bekannter um Unterstützung, ist man sofort zur Stelle und versucht alles in seiner Macht Stehende, um zu helfen. Der hohe Stellenwert sozialer Beziehungen lässt alles andere in den Hintergrund treten. Fast jeder in Polen ist in ein Netz solcher Beziehungen eingebunden, das zum einen dazu verpflichtet, jederzeit für Bekannte und Freunde da zu sein, andererseits aber auch garantiert, dass man selbst die Hilfe eines jeden innerhalb dieses Netzwerk in Anspruch nehmen kann. Die Beziehungsnetzwerke beruhen auf diesem Prinzip der Gegenseitigkeit.

Es kommt in Polen häufig vor, dass Kollegen oder Nachbarn ihre Hilfe anbieten und dafür ihre Freizeit opfern. Man hilft nicht nur aus einem Pflichtgefühl heraus, sondern auch, weil einem die andere Person sympathisch ist und man gern Zeit mit ihr verbringt. Die gegenseitige Unterstützung und Zusammenarbeit bietet dabei eine gute Gelegenheit, sich besser kennen zu lernen und die Beziehung zu vertiefen. Herr Kowalski und der befreundete Arzt würden als Gegenleistung kein Geld akzeptieren und auf ein solches Angebot eher empört reagieren, schließlich handelt es sich um einen Freundschaftsdienst. Herrn Ganthers verletzter Reisepartner sollte nicht zögern, die angebotene Hilfe anzunehmen, denn das Entgegenkommen ist ehrlich gemeint. Er sollte sich freundlich bedanken, ohne zu übertreiben.

Wird man als Deutscher selbst um Hilfe gebeten, sollte man soweit wie möglich alles tun, um der Bitte nachzukommen. Es wird als selbstverständlich betrachtet, dass dabei andere Dinge zurückgestellt werden. Problematisch kann es werden, wenn die Bitte, die an einen herangetragen wird, bestimmte Grenzen überschreitet, zum Beispiel firmeninterne Regelungen. Wenn nötig, sollte freundlich, aber bestimmt darauf hingewiesen werden, dass einem in dieser Sache die Hände gebunden seien und man nichts machen könne. Eine schroffe Ablehnung, womöglich sogar als Kritik formuliert, würde bei vielen Polen auf wenig Verständnis treffen und die persönliche Beziehung belasten, denn es gehört zum polnischen Alltag, sich innerhalb eines sozialen Netzwerks in allen Belangen gegenseitig zu unterstützen.

■ Beispiel 10: Kostenoptimierung

■ Situation

Herr Deml, leitender Angestellter einer deutschen Versicherungsgesellschaft in Stettin, gibt einem seiner polnischen Mitarbeiter, Herrn Rudzinski, den Arbeitsauftrag, eine Analyse darüber anzufertigen, wie viele Angestellte in den sechzehn Niederlassungen des Unternehmens innerhalb Polens arbeiten, welche Kosten sie verursachen und welchen Gewinn sie erwirtschaften. Anhand dieser Daten erwartet Herr Deml eine Empfehlung, wie viele Niederlassungen im Sinne einer Kostenoptimierung am besten wären, und erhofft sich darauf aufbauend ein Konzept erarbeiten zu können, das die Fusion einiger kleiner und die Schließung unrentabler Niederlassungen vorsieht. Als ihm Herr Rudzinski jedoch die Ergebnisse präsentiert, stellt sich heraus, dass er keinen Zugang zu den Personaldaten erhalten hat. Trotzdem hat er ein Konzept erarbeitet, in dem er vorschlägt, zu expandieren und mit fünfunddreißig anstelle der bisher sechzehn Niederlassungen zu operieren. Herr Deml ist überrascht, wie sehr dieser Vorschlag von seinen Erwartungen abweicht.

Wie erklären Sie sich das Ergebnis von Herrn Rudzinskis Analyse?

- Lesen Sie nun die Antwortalternativen nacheinander durch.
- Bestimmen Sie den Erklärungswert jeder Antwortalternative für die gegebene Situation und kreuzen Sie ihn auf der darunter liegenden Skala entsprechend an. Es ist möglich, dass mehrere Antwortalternativen den gleichen Erklärungswert besitzen.

Deutungen

a) Herr Rudzinski gibt mit seinem Vorschlag indirekt zu verstehen, dass er keinen Nutzen in der Schließung von Niederlassungen erkennen kann.

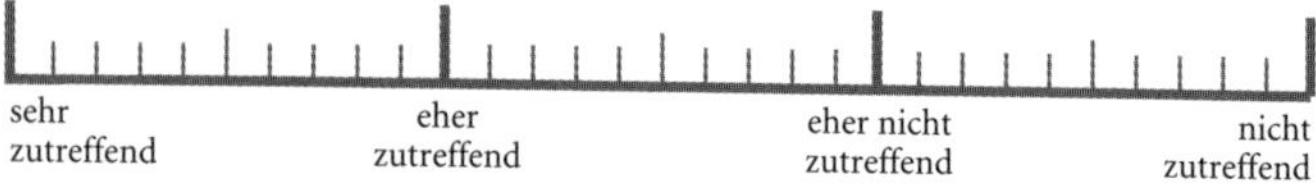

b) Herr Rudzinski will seinem Vorgesetzten trotz der fehlenden Personaldaten zeigen, dass er gute Arbeit leisten und seiner Position gerecht werden kann.

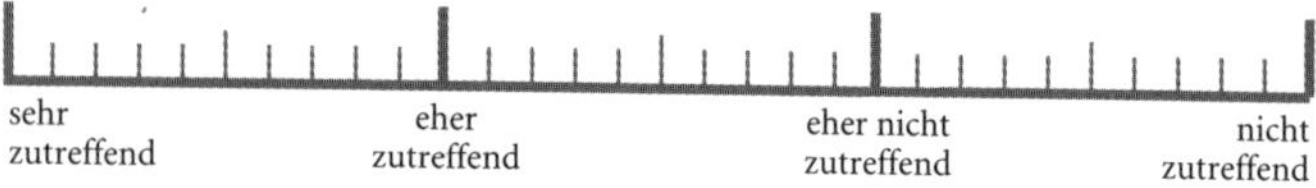

c) Herr Rudzinski will nicht die Verantwortung für die Entlassung von Kollegen übernehmen und schlägt daher eine Expansion vor.

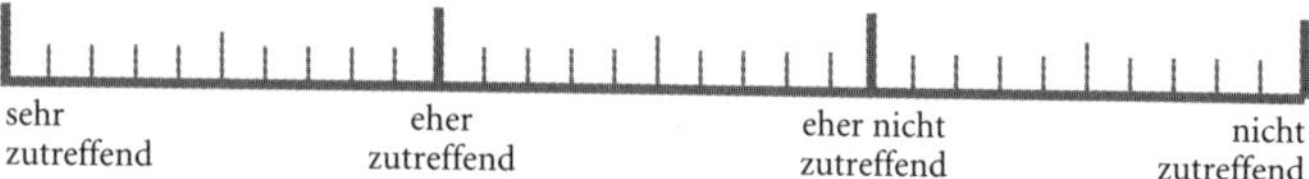

d) Herr Rudzinskis Berechnungen basieren auf Schätzungen der Personaldaten, denn er ist überzeugt, dass von ihm nur eine grobe Beurteilung der Lage erwartet wird und dafür keine exakten Daten notwendig sind.

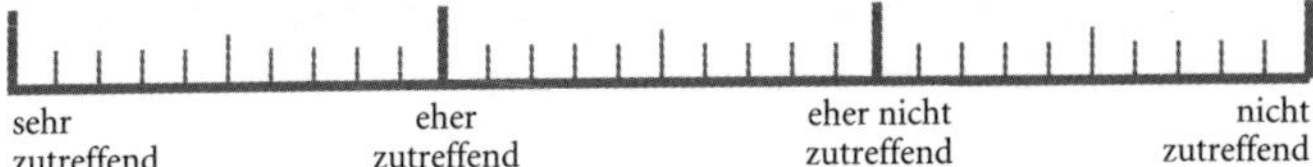

sehr zutreffend | eher zutreffend | eher nicht zutreffend | nicht zutreffend

- Versuchen Sie, Ihre Einstufung jeder Antwortalternative zu begründen. Halten Sie die Begründung in schriftlicher Form stichpunktartig fest.
- Lesen Sie nun die Erläuterungen zu jeder Antwortalternative und vergleichen Sie diese mit Ihren eigenen Begründungen.

Bedeutungen

Erläuterung zu a):
In Polen ist es nicht üblich, Vorschläge eines Vorgesetzten offen zu hinterfragen. Dies würde aufgrund der geringen Trennung zwischen Person und Sache einen Eingriff in den Kompetenzbereich des Vorgesetzten darstellen und ihn unfähig erscheinen lassen. Um diese Bloßstellung zu vermeiden, wird Kritik an Anweisungen nicht offen geäußert. Sind die Mitarbeiter der Meinung, dass eine Anordnung unsinnig oder nutzlos ist, wird sie einfach unter der Hand nach praktischen Gesichtspunkten geändert oder umgangen. Herrn Rudzinskis Ergebnisse sind allerdings zu unrealistisch, als dass seine Vorschläge ernsthaft als Handlungsalternative betrachtet werden können. Daher ist diese Erklärung eher nicht zutreffend.

Erläuterung zu b):
Möglicherweise wurde Herr Rudzinski durch persönlichen Ehrgeiz dazu verleitet, ein umfangreiches Konzept ohne Rücksicht auf den praktischen Nutzen zu entwickeln. Manche polnischen Mitarbeiter, insbesondere der älteren Generation, richten ihre Aufmerksamkeit mehr auf den eigenen Erfolg im Kleinen als auf den Gesamterfolg der Firma. In den Zeiten des Kommunismus war der Umsatz der Firma für den eigenen Verdienst irrelevant

und auch heute noch wird der Zusammenhang zwischen Firmenbilanz und der Sicherheit des eigenen Arbeitsplatzes von manchen polnischen Angestellten nicht oder zu wenig berücksichtigt. Allerdings befindet sich diese Einstellung deutlich im Rückgang, insbesondere unter jungen Mitarbeitern. Diese Antwort erklärt daher die Situation nur teilweise.

Erläuterung zu c):
Herr Rudzinski kann in dieser Situation gar nicht anders handeln, als derartige Ergebnisse zu präsentieren, da er sich sonst bei seinen Kollegen unbeliebt machen würde. Käme es wegen seiner Ergebnisse zu Entlassungen, hätte er sich in den Augen seiner Kollegen geradezu wie ein Verräter verhalten. Die Arbeitsplatzverluste und die damit verbundenen menschlichen Schicksale würden Herrn Rudzinski persönlich angelastet werden. Er kann sich auch nicht darauf berufen, er habe nur seinen Job erledigt, denn in Polen stehen zwischenmenschliche Beziehungen über der Verpflichtung gegenüber dem Unternehmen. Für Herrn Rudzinski ist diese Situation äußerst unangenehm, da er zwischen den Erwartungen seiner Kollegen und Herrn Demls Anordnung steht. Um seinem Vorgesetzten keinen Grund zu geben, ihn für arbeitsunwillig zu halten, entwickelt er als Kompromiss ein Konzept, das im Grunde Herrn Demls Vorgaben entspricht, aber niemandem schadet und sogar weitere Einstellungen vorsieht. So kann niemand behaupten, er habe sich gegen seine Kollegen unloyal verhalten. Diese Antwort erklärt die Situation am besten.

Erläuterung zu d):
Ein im Voraus fertig ausgearbeitetes Konzept erscheint Herrn Rudzinski vielleicht unpraktisch, da so die Option auf flexible Änderung eingeschränkt wäre. Es könnte ja sein, dass in der nächsten Sitzung Modifikationen gewünscht werden oder das Projektziel geändert wird. Konkrete Planungen von Projekten ergeben sich in Polen häufig erst im Verlauf von mehreren Gesprächen, selten im Vorfeld. Daher dauern Besprechungen oder Vertragsverhandlungen länger als in Deutschland. Da aber Herr Rudzinski seinem Vorgesetzten einen Plan mit konkreten Zahlen präsentiert hat, ist diese Antwort weniger geeignet. Zudem er-

klärt sie nicht, warum sich Herrn Kowalskis Schätzungen derart von Herrn Demls Erwartungen unterscheiden. Zwar herrscht in Polen eine größere Toleranz gegenüber Abweichungen als in Deutschland; hier scheint es sich aber um mehr zu handeln als um eine bloße Fehleinschätzung. Eine andere Antwort ist hier zutreffender.

- Beantworten Sie bitte folgende Frage: Wie würden Sie sich in einer ähnlichen Situation verhalten?

■ Lösungsstrategie

Grundsätzlich fällt es polnischen Mitarbeitern nicht leicht, Entscheidungen zu fällen, die gegen das Gebot der Menschlichkeit und Milde verstoßen. In diesem Fall sollte man überlegen, ob Herr Rudzinski von der Verantwortung für dieses Projekt entbunden werden könnte. Am einfachsten wäre es, Herr Deml würde die Kalkulation selbst erstellen. Gerade Deutschen gesteht man zu, aus sachlichen Überlegungen heraus unangenehme Entscheidungen zu fällen; mitunter wird dies sogar von ihnen erwartet.

Es ist jedoch nicht immer möglich und scheint auch nicht erstrebenswert, dass alle Entscheidungen, die die Entlassung von Mitarbeitern nach sich ziehen könnten, von deutschen Fach- und Führungskräften getroffen werden. In einem ausführlichen Gespräch im Vorfeld der Berechnungen könnte Herr Deml Herrn Kowalski seine Erwartungen an das Projekt klar formulieren. Eine eindeutige Anordnung, ausgesprochen von einer hierarchisch übergeordneten Person, wird als verpflichtender empfunden als ein allgemeiner Arbeitsauftrag ohne klare Ergebnisvorgaben. Es könnte allerdings sein, dass dadurch die Ergebnisse in eine bestimmte Richtung gelenkt werden und man nicht mehr von einer unabhängigen Kalkulation ausgehen kann. Eine andere Möglichkeit wäre, Herr Deml würde gemeinsam mit Herrn Kowalski erste Schritte des Projekts erarbeiten und ihm die weitere Ausarbeitung selbstständig überlassen. Zum einen wird so deutlich, dass ein persönliches Interesse am Gelingen des Projekts besteht, zum anderen trägt Herr Kowalski die Verantwortung für die Ergebnisse nicht allein. Von Zeit zu Zeit sollte man sich nach dem Stand der Dinge erkundigen, ohne jedoch übermäßig zu kontrollieren; dies weckt Misstrauen und könnte sich negativ auf die Arbeitsmotivation auswirken. Es ist empfehlenswert, sich als Ratgeber anzubieten, kurzfristige Arbeitsziele zu setzen und eventuell einzelne unangenehme Entscheidungen selbst zu übernehmen. Trotzdem bleibt ein derartiger Auftrag für einen polnischen Kollegen weiterhin sehr heikel und kann nicht unter rein sachlichen Gesichtspunkten betrachtet werden.

■ Kulturelle Verankerung von »Soziale Beziehungen«

Der Aufbau und die Pflege sozialer Beziehungen nehmen in Polen einen hohen Stellenwert ein. In interpersonellen Begegnungen wird der Art und der Qualität von Beziehungen ein höheres Gewicht beigemessen als den sachlichen Zielen. Soziale Beziehungen werden in Polen in Form von Netzwerken zur sozialen Absicherung und zur Erreichung persönlicher Ziele genutzt.

Sympathie und Antipathie entscheiden darüber, ob eine Beziehung aufgebaut wird oder nicht. In den ersten Begegnungen mit neuen Bekannten wird daher viel in den Aufbau von Vertrauen investiert. Man tauscht Höflichkeiten aus, bemüht sich um eine angenehme Gesprächsatmosphäre, erkundigt sich nach der Familie und sucht nach gemeinsamen Bekannten oder Erlebnissen, über die man sich unterhalten könnte. Es dauert einige Zeit, bis beurteilt werden kann, ob das Gegenüber ein guter Mensch ist (siehe auch »Personenbezogene Emotionalität«) und ob man ihm vertrauen kann. Ist dies der Fall, wird der Kontakt durch gegenseitige Einladungen und persönliche Treffen gepflegt und weiter vertieft. Schlägt der Aufbau einer positiven Beziehung allerdings fehl, verschließt sich der Interaktionspartner und meidet den weiteren Kontakt. Gleiches gilt für fremde Personen, bei denen sich noch keine Gelegenheit für einen Aufbau von Vertrauen ergeben hat, es sei denn, es handelt sich um einen Gast (siehe auch »Status und Etikette«).

Deutsche sind im beruflichen Alltag in der Lage, die persönliche Ebene von der sachlichen zu trennen, und können auch mit unbekannten oder eher unsympathischen Kollegen erfolgreich zusammenzuarbeiten. Es wird erwartet, dass das Arbeitsziel im Vordergrund steht und persönlichen Anti- oder Sympathien zurückgestellt werden. In Polen dagegen ist dies aufgrund der geringen Trennung zwischen Person und Sache nur schwer möglich (siehe »Personenbezogene Emotionalität«). Eine erfolgreiche Zusammenarbeit setzt voraus, dass sich die Kollegen untereinander auch persönlich gut verstehen und sich vertrauen.

Ein weiterer Aspekt des Kulturstandards »Soziale Beziehungen«, der sich insbesondere im beruflichen Kontext zeigt, stellt die Bevorzugung der mündlichen vor der schriftlichen Kommunikation dar. Einem Schriftstück kann man nicht ansehen, ob man den Informationen, die darin enthalten sind, oder der Person, die es geschrieben hat, trauen kann. Die persönliche Kontaktaufnahme, über Telefon oder besser noch in Form eines Geschäftstreffens ist in jedem Fall der erste Weg, um eine Geschäftsbeziehung aufzubauen. Viele polnische Mitarbeiter betrachten eine schriftliche Mitteilung eher als allgemeine Information und sehen keine verbindlichen Handlungsanweisungen darin; würde es sich um etwas Wichtiges handeln, hätte sich die entsprechende Person ja persönlich gemeldet. Daher kann es passieren, dass auf schriftliche Anfragen keine Reaktion erfolgt und sie erst dann bearbeitet werden, wenn man sich persönlich mit den entsprechenden Mitarbeitern in Verbindung gesetzt hat.

Eine positive und vertrauensvolle Beziehung sichert in Polen die Loyalität und Zuverlässigkeit des Partners. Fast jeder Pole ist in ein Netz von Beziehungen integriert, dass ihm soziale Sicherheit verschafft. Gegenseitige Hilfsbereitschaft und kleine Gefälligkeiten werden als selbstverständlich betrachtet und im Gegenzug auch gern in Anspruch genommen. Besonders bei Behördengängen wird manchmal der inoffizielle Weg über Bekannte, die an den entsprechenden Stellen sitzen, gewählt. Dies hat nicht wie in Deutschland den anrüchigen Ruf der Vorteilsnahme, sondern wird als lebenstüchtig angesehen. Zudem ist angesichts der zum Teil recht undurchsichtigen Vorschriften dieser Weg erfolgversprechender als eine offizielle Anfrage. Auch um neue berufliche Kontakte zu knüpfen, geht man selten den direkten Weg, sondern nutzt das Beziehungsnetzwerk und erkundigt sich im Bekanntenkreis nach entsprechenden Empfehlungen oder Vermittlungsmöglichkeiten. Dies schafft gleich in der ersten Begegnung einen Vertrauensvorschuss und erleichtert den Einstieg in die geschäftliche Zusammenarbeit. Eine formelle Anfrage gilt in Polen als unpersönlich und voreilig und würde bereits zu Beginn einer möglichen Zusammenarbeit einen schlechten Eindruck erwecken. Ein funktionierendes soziales Netzwerk wird allerdings nicht rein als Mittel zum Zweck gesehen, sondern gilt per se als erstrebenswert. Bekanntschaften werden immer und überall geschlossen, ohne vorher zu prüfen, ob die betreffende Person in bestimmten Bereichen einmal nützlich sein könnte. Man freut sich, ein neues Gesicht kennen gelernt zu haben, sich gut unterhalten zu können und gegenseitig Wertschätzung ausgetauscht zu haben (siehe »Personenbezogene Emotionalität«). Sollte eine neue Bekanntschaft später tatsächlich einmal nützlich sein, ist dies erfreulich und wird gern in Anspruch genommen.

Der Aufbau von Beziehungen und Netzwerken wird erschwert, wenn die ersten Kontakte unharmonisch verlaufen und auf persönlicher Ebene keine gemeinsame Basis gefunden wird. Überhebliches Auftreten, Rücksichtslosigkeit, Unhöflichkeit oder mangelnder Respekt belasten eine Beziehung und führen nicht selten zum Abbruch des Kontakts. Auch bereits existierende gute Beziehungen können zerbrechen, wenn einer der Partner gegen das Prinzip der Gegenseitigkeit verstößt, zum Beispiel wenn er ohne Begründung ein Hilfegesuch ablehnt oder vertrauliche Informationen weitergibt.

Unter den Kulturstandard »Soziale Beziehungen« fällt auch die ausgeprägte Familienorientierung in Polen. Familienmitglieder zählen zum engsten Kreis sozialer Bezugspersonen. Regelmäßiger Kontakt zu allen näheren Verwandten ist selbstverständlich und beschränkt sich nicht allein auf Familienfeiern oder Festtage. Zudem leben die einzelnen Familienmitglieder – wenn nicht schon im selben Haus – meist in geringer Entfernung voneinander, das heißt in derselben Straße, im selben Dorf oder in Orten, die nicht weit auseinander liegen (Zagórski u. Roguska, 2004a). Ein Umzug in andere Teile des Landes ist für viele Polen schwer vorstellbar, da so der regelmäßige Kontakt zur Familie erschwert werden würde. Zudem fehlen an einem neuen Wohnort die über lange Zeit aufgebauten Netzwerke, die als Voraussetzung für soziale Sicherheit gelten.

Auch die große Bedeutung sozialer Beziehungen lässt anhand des kulturhistorischen Hintergrunds erklären. Polen war in den letzten 200 Jahren fast durchgehend von fremden Mächten besetzt und die Freiheiten des polnischen Volkes waren erheblich eingeschränkt. Viele Aktivitäten der polnischen Bevölkerung wurden in den Untergrund verlegt oder geschahen im Geheimen. Bespitzelung und Spionagetätigkeit seitens der Besatzungsmächte waren nicht selten, so dass man sich bei einer neuen Bekanntschaft nie sicher sein konnte, ob man es nun mit einer vertrauenswürdigen Person oder einem Kollaborateur zu tun hatte. Erst wenn man eine Person, ihren persönlichen Hintergrund und ihren Charakter gut kannte, konnte man entscheiden, ob man sich ihr öffnen und vertrauliche Informationen weitergeben konnte. In den Mangelzeiten während des Kommunismus wurden die Beziehungsnetzwerke auch dazu benutzt, um an Güter zu gelangen, die auf dem freien Markt nicht erhältlich waren oder um offizielle Genehmigungen zu bekommen. Ein gut funktionierender Bekanntenkreis war mitunter sogar überlebensnotwendig. Diese Erfahrungen haben das Denken vieler Polen bis heute stark geprägt.

2+2
=5
2+2
=4
Plannerer

■ Themenbereich 3: Hierarchieorientierung

■ Beispiel 11: Anweisungen aus der Stammfirma

■ Situation

Frau Neuner ist Geschäftsführerin eines deutschen Versicherungsunternehmens in Warschau. Ihre Filiale arbeitet größtenteils selbstständig, von Zeit zu Zeit kommen aber auch Anweisungen oder Empfehlungen aus dem deutschen Stammunternehmen. Diese werden häufig von ihren polnischen Mitarbeitern übernommen, ohne vorher auf Relevanz und Umsetzbarkeit geprüft worden zu sein. Es kommt dadurch immer wieder zu Problemen im Arbeitsablauf. Frau Neuner weist ihre Mitarbeiter darauf hin, dass sie die Anweisungen aus der Stammfirma durchaus kritisch betrachten müssen. Schließlich würden sie die Situation vor Ort besser kennen und könnten bei berechtigten Einwänden auch entgegen den Anordnungen handeln. Trotzdem bleibt diese Praxis bestehen.

Wie erklären Sie sich das Verhalten der Mitarbeiter?

- Lesen Sie nun die Antwortalternativen nacheinander durch.
- Bestimmen Sie den Erklärungswert jeder Antwortalternative für die gegebene Situation und kreuzen Sie ihn auf der darunter liegenden Skala entsprechend an. Es ist möglich, dass mehrere Antwortalternativen den gleichen Erklärungswert besitzen.

Deutungen

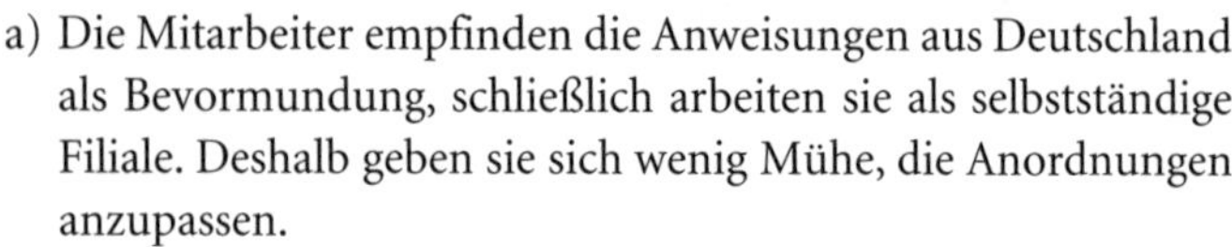

a) Die Mitarbeiter empfinden die Anweisungen aus Deutschland als Bevormundung, schließlich arbeiten sie als selbstständige Filiale. Deshalb geben sie sich wenig Mühe, die Anordnungen anzupassen.

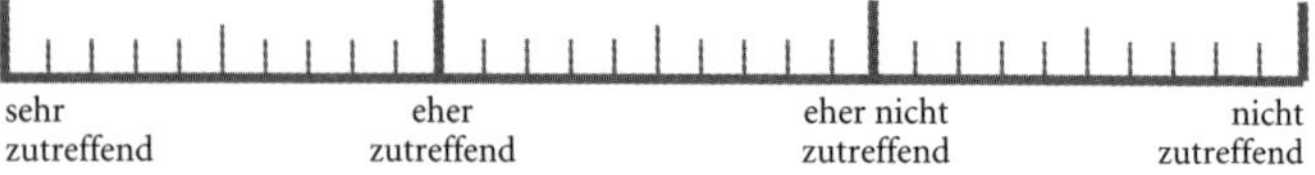

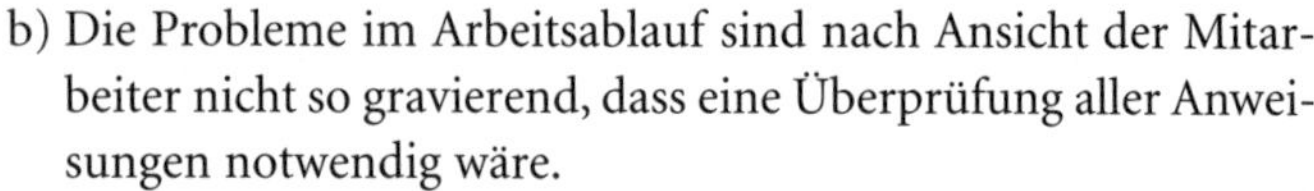

b) Die Probleme im Arbeitsablauf sind nach Ansicht der Mitarbeiter nicht so gravierend, dass eine Überprüfung aller Anweisungen notwendig wäre.

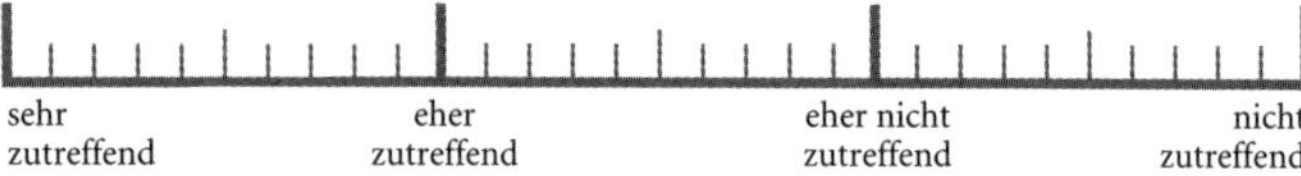

c) Die Mitarbeiter wollen erst einmal ausprobieren, ob die Anweisungen funktionieren oder nicht. Erst dann wissen sie, ob und was sie daran ändern müssen.

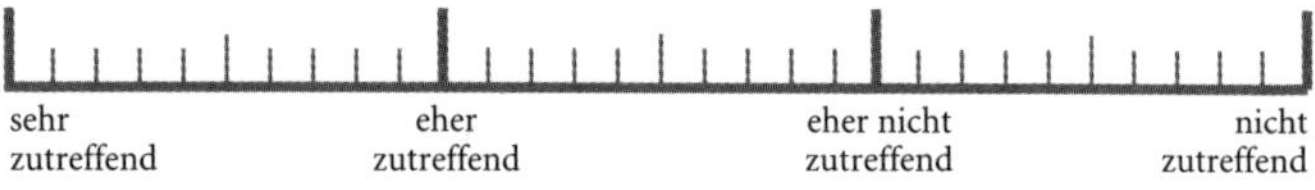

d) Bei eigenständigen Änderungen müssten die Mitarbeiter persönliche Verantwortung für Fehler übernehmen. Das versuchen sie durch die unveränderte Übernahme zu umgehen.

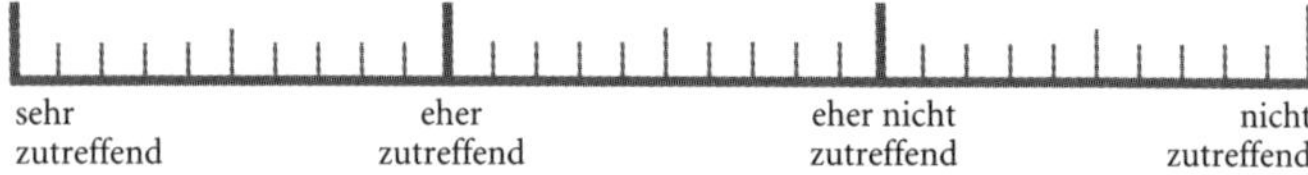

- Versuchen Sie, Ihre Einstufung jeder Antwortalternative zu begründen. Halten Sie die Begründung in schriftlicher Form stichpunktartig fest.
- Lesen Sie nun die Erläuterungen zu jeder Antwortalternative und vergleichen Sie diese mit Ihren eigenen Begründungen.

Bedeutungen

Erläuterung zu a):
Eine Unzufriedenheit der polnischen Mitarbeiter mit den Anweisungen aus Deutschland wird auf indirekte Art und Weise gezeigt. Offene Kritik wird in Polen nach Möglichkeit vermieden. Einer Auseinandersetzung mit Deutschen, die als dominant und selbstsicher gelten, gehen polnische Kollegen lieber aus dem Weg. Wenn die Mitarbeiter den Anordnungen ablehnend gegenüber stehen, sehen sie auch keinen Grund, sich persönlich dafür einzusetzen. Wäre es allerdings das Ziel der Mitarbeiter, ihre Selbstständigkeit zu verteidigen, würden sie vermutlich ein deutlicheres Zeichen setzen, zum Beispiel indem sie die Anordnungen ignorieren und ihre eigenen Ideen ohne Rücksprache mit ihrem Vorgesetzten umsetzen. In dieser Situation ist daher ein anderer Faktor wirksam.

Erläuterung zu b):
Die Mitarbeiter haben möglicherweise die Verzögerungen in den Arbeitsabläufen mit dem nötigen Aufwand für die Überprüfung aller Anweisungen verglichen und sind zu dem Schluss gekommen, dass eine allgemeine Kontrolle zuviel Zeit in Anspruch nimmt und daher ineffektiv ist. In Polen gehen praktische Überlegungen in die Handlungsplanung mit ein. Zudem werden Abweichungen vom Plan eher toleriert als in Deutschland. Allerdings geht aus dieser Situation nicht hervor, wie sehr die Arbeitsabläufe beeinträchtigt wurden. Daher ist hier eine andere Antwort besser geeignet.

Erläuterung zu c):
Nach dem Verständnis der polnischen Mitarbeiter ist es nicht möglich, alle Konsequenzen, die bei der Umsetzung einer Anordnung auftreten können, vorher zu berücksichtigen. Während in Deutschland Abläufe oft detailliert im Voraus geplant werden, ist dies in Polen weniger üblich. Man verlässt sich darauf, zur gegebenen Zeit mit viel kreativer Improvisation zum Ziel zu kommen, denn schließlich weiß man erst beim Auftreten von Problemen genau, was nicht funktioniert hat, und kann dann Verbesse-

rungen effektiv vornehmen. Dadurch können aber auch Komplikationen im Arbeitsablauf entstehen, die schon im Vorfeld leicht hätten ausgeschlossen werden können. In dieser Situation überwiegt allerdings eine andere kulturelle Norm, daher trifft diese Antwort nur teilweise zu.

Erläuterung zu d):
Die Mitarbeiter vermeiden durch die detailgetreue Umsetzung der Anordnungen, für möglicherweise entstehende Fehler verantwortlich gemacht zu werden. Insbesondere in der Zeit des Kommunismus haben viele Angestellte erlebt, dass Anweisungen von oben unsinnig oder unwirtschaftlich waren. Hier war es angeraten, sich möglichst aus der Angelegenheit herauszuhalten und keine eigenständigen Schritte, die den Interessen der Obrigkeit widersprochen hätten, zu unternehmen. Diese Einstellung wird allerdings aufgrund der jüngsten Entwicklungen in Wirtschaft und Gesellschaft in der Republik Polen zunehmend abgebaut. Hier ist dies aber die geeignete Erklärung für das Entstehen der Situation.

- Beantworten Sie bitte folgende Frage: Wie würden Sie sich in einer ähnlichen Situation verhalten?

■ Lösungsstrategie

Die hierarchische Prägung der Berufskultur in Polen behindert die Selbstständigkeit der Mitarbeiter. Die Übernahme von Eigenverantwortung ist eher unangenehm und wird nach Möglichkeit umgangen. Selbst wenn sie eigene Ideen und Verbesserungsvorschläge hätten, halten sie sich lieber zurück und führen auch unsinnig erscheinende Anordnungen von oben unverändert aus. Dieses Verhalten ist vor allem in traditionellen Unternehmen zu finden und kann nur schrittweise zu einer kritischen und eigenständigen Arbeitshaltung verändert werden.

In dieser Situation könnte sich Frau Neuner mit den entsprechenden Mitarbeitern in Verbindung setzen und sie zu einem persönlichen Gespräch bitten. Darin sollte sie gezielt darauf hinweisen, dass sich die Mitarbeiter ihrer Verantwortung nicht einfach entziehen können, indem sie die Anordnungen wortgetreu befolgen. Sie seien zwar nicht für den Inhalt der Anweisungen, wohl aber für deren Umsetzung verantwortlich. Wichtig ist es, dass sich Frau Neuner nicht als Anwalt des deutschen Stammunternehmens präsentiert und aus dieser Perspektive heraus das Vorgehen der Mitarbeiter zu kritisieren. Stattdessen sollte sie die Eigenständigkeit und Besonderheit der polnischen Filiale unterstreichen und zeigen, dass sie hinter den Mitarbeitern steht und sie in ihren Bemühungen unterstützen will. Sie sollte vermitteln, dass sie ihre polnischen Angestellten als Experten im eigenen Land schätzt. Angespornt durch diese Wertschätzung sind ihre Mitarbeiter eher bereit, eigene Ideen einzubringen.

■ Beispiel 12: Kommunikation zwischen Abteilungen

■ Situation

In Herrn Fuhrmanns Firma, in der er als Finanzvorstand arbeitet, gibt es immer wieder Verzögerungen bei der Bearbeitung von Projekten, an denen mehrere Abteilungen beteiligt sind. Eine bekannte Ursache ist, dass die Mitarbeiter der einen Abteilung bei ihrem Vorgehen die internen Abläufe einer anderen Abteilung nicht berücksichtigen. Als ein polnischer Abteilungsleiter, Herr Penderecki, sich darüber bei Herrn Fuhrmann beschwert, rät der ihm, sich zur Lösung des Problems mit den Mitarbeitern der anderen Abteilungen in Verbindung zu setzen. Herr Penderecki entgegnet, er könne das nicht machen, schließlich sei er nicht deren Vorgesetzte Herr Fuhrmann erklärt, er solle ja nichts anordnen, sondern versuchen, ihnen das Problem zu erklären und sie von einer gemeinsamen Bearbeitungsform überzeugen. Zu Herrn Fuhrmanns Verwunderung weigert sich der Abteilungsleiter weiterhin.

Wie erklären Sie sich Herrn Pendereckis Verhalten?

– Lesen Sie nun die Antwortalternativen nacheinander durch.

– Bestimmen Sie den Erklärungswert jeder Antwortalternative für die gegebene Situation und kreuzen Sie ihn auf der darunter liegenden Skala entsprechend an. Es ist möglich, dass mehrere Antwortalternativen den gleichen Erklärungswert besitzen.

Deutungen

a) Nach Herrn Pendereckis Meinung liegen Angelegenheiten, die mehrere Abteilungen betreffen, in Herrn Fuhrmanns Verantwortungsbereich. Er sieht nicht ein, warum er diese Aufgabe übernehmen soll.

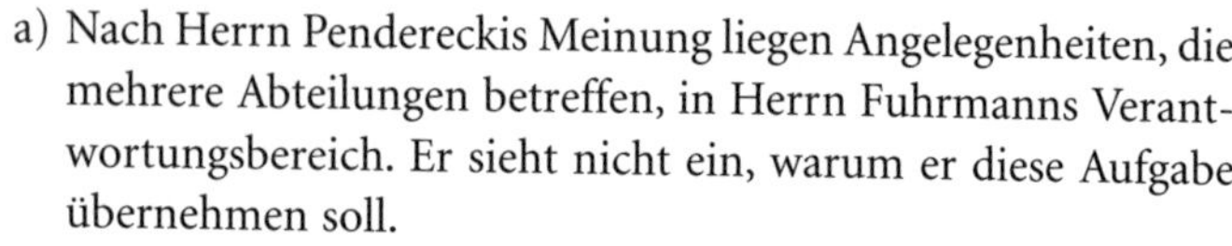

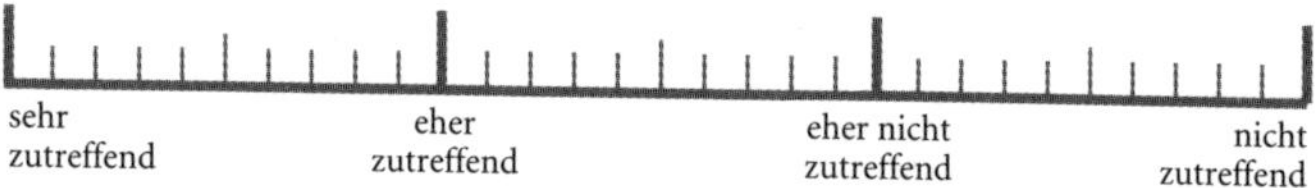

b) Herr Penderecki glaubt nicht, dass die Mitarbeiter der anderen Abteilung auf seine Bitte hin ihr Verhalten ändern. Dies könne nur ihr direkter Vorgesetzter erreichen.

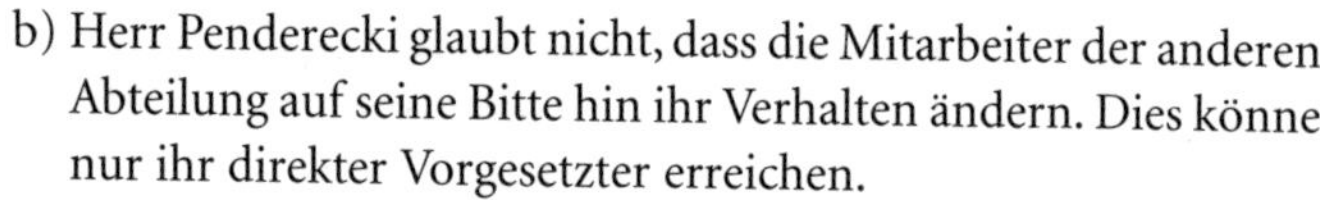

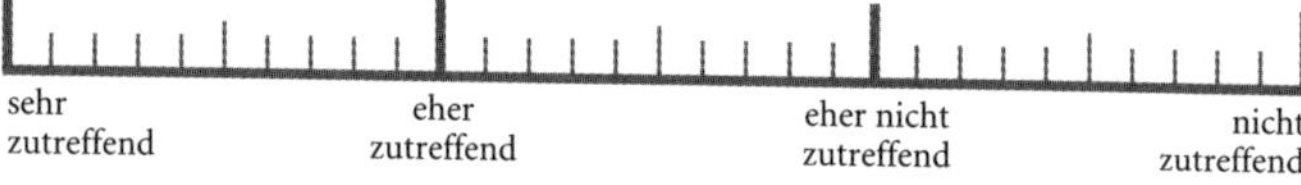

c) Herr Penderecki hat kein Konzept dafür, wie eine gemeinsame Bearbeitungsform auszusehen hätte. Er hält Gespräche ohne konkrete Vorstellungen für zwecklos.

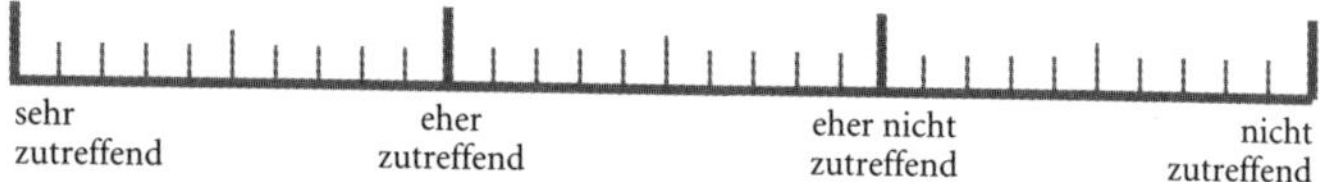

d) Herr Penderecki möchte nicht in den Verantwortungsbereich eines anderen Abteilungsleiters eingreifen. Dieser könnte sich in seiner fachlichen Kompetenz angegriffen fühlen.

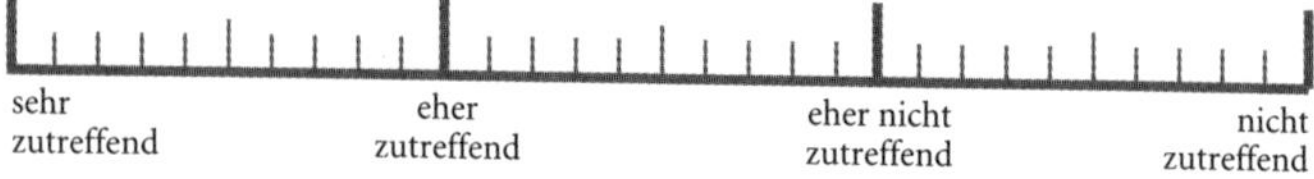

– Versuchen Sie, Ihre Einstufung jeder Antwortalternative zu begründen. Halten Sie die Begründung in schriftlicher Form stichpunktartig fest.

– Lesen Sie nun die Erläuterungen zu jeder Antwortalternative und vergleichen Sie diese mit Ihren eigenen Begründungen.

Bedeutungen

Erläuterung zu a):
Herr Penderecki möchte sich in dieser Sache nicht engagieren, da sie seiner Meinung nach nicht in seinen Verantwortungsbereich fällt. Dieses Verhalten entspricht der allgemeinen Tendenz, Probleme an eine höhere Stelle abzugeben. Dies gilt insbesondere im beruflichen Kontext, wo es um sachliche Fragen oder Formalitäten geht, die im Vergleich zu Menschen und Beziehungen weniger wert sind, als dass man sich persönlich für sie einsetzt. Das Abschieben von Aufgaben schützt davor, für Fehler verantwortlich gemacht zu werden. Da es sich hier aber nicht um eine besonders schwierige Aufgabe oder einen größeren Konflikt handelt, ist eine andere Antwort besser geeignet, um Herrn Pendereckis ablehnende Haltung zu erklären.

Erläuterung zu b):
Herr Penderecki ist überzeugt, dass die Mitarbeiter eine Anweisung ihres direkten Vorgesetzten benötigen, um die Angelegenheit ernst zu nehmen und sie dazu zu bringen, ihr Verhalten zu ändern. Es fehlt ihm der Zugriff von oben, um die Sache so zu regeln, wie er es gewohnt ist. Zudem ist die Kommunikation zwischen Vorgesetztem und Mitarbeitern in Polen von der Distanz zwischen hierarchisch unterschiedlich gestellten Personen geprägt. Eine Unterhaltung auf gleicher Augenhöhe ist eher unüblich. Herrn Fuhrmanns Vorschlag, Herr Penderecki solle die Mitarbeiter in einem gemeinsamen Gespräch überzeugen, entspricht nicht dessen Handlungsroutine. Die Orientierung an den gegebenen Hierarchiestrukturen und der fehlende demokratische Umgang zwischen Vorgesetzten und Mitarbeitern erklärt diese Situation am besten.

Erläuterung zu c):
Bei einer Besprechung unter Kollegen geht man in Polen meist unvorbereitet in das Gespräch. Man rechnet damit, dass im Laufe

der Unterhaltung gemeinsam Ideen entwickelt werden, an denen man weiter arbeiten kann. Allerdings wird von Herrn Penderecki in seiner Funktion als Vorgesetzter erwartet, dass er konkrete und klare Anweisungen weitergibt. Aber selbst wenn er eine Idee zur Gestaltung der Zusammenarbeit hätte, würde er sich vermutlich trotzdem weigern, mit den Mitarbeitern der anderen Abteilung zu sprechen. Der Grund hierfür wird in einer anderen Antwort erklärt.

Erläuterung zu d):
Die klare Verteilung von Verantwortung ist ein Kennzeichen der hierarchischen Struktur in polnischen Unternehmen. Eine Einmischung in die Abteilung eines Kollegen wird nach Möglichkeit vermieden. Der Leiter der anderen Abteilung könnte glauben, dass Herr Penderecki ihn nicht für fähig hält, seine Aufgaben zu erfüllen und seine Mitarbeiter angemessen zu führen. Dies würde die Beziehung zwischen Herrn Penderecki und seinem Kollegen erheblich belasten. Auch wenn dieser Faktor hier eine Rolle spielt, ist eine andere Erklärung, die ebenfalls Merkmale der polnischen Hierarchieorientierung aufgreift, besser geeignet.

- Beantworten Sie bitte folgende Frage: Wie würden Sie sich in einer ähnlichen Situation verhalten?

■ Lösungsstrategie

Ein demokratischer Umgang zwischen Vorgesetzten und Mitarbeitern bereitet in Polen teilweise noch Schwierigkeiten. Die hierarchische Struktur in traditionellen polnischen Unternehmen kennt oft nur eine Richtung, nämlich von oben nach unten. Auf gleicher Ebene vermeidet man lieber, sich gegenseitig ins Gehege zu kommen, um nicht als besserwisserisch oder arrogant zu gelten. Eine team- und projektorientierte Arbeitshaltung setzt sich in traditionellen polnischen Unternehmen zwar langsam durch, benötigt aber noch viel Überzeugungsarbeit.

Grundsätzlich ist es durchaus sinnvoll, dass Herr Fuhrmann seinen polnischen Kollegen dazu ermuntert, auf seine Mitarbeiter zu zugehen. Er sollte sich allerdings bewusst sein, dass es vielen polnischen Vorgesetzten sehr schwer fällt, ihre autoritäre Haltung aufzugeben, da sie damit ihrer Ansicht nach Stellung und Ansehen einbüßen. Dies gilt in erster Linie für ältere Mitarbeiter; die junge Generation polnischer Führungskräfte orientiert sich mehr an amerikanischen, teamorientierten Managementmodellen. Will man auf die Erfahrung und die Kompetenzen von langjährigen, hierarchieorientierten Führungskräften nicht verzichten, ist es manchmal unumgänglich, die vertikale Befehlsstruktur einfach zu akzeptieren. Da in dieser Situation Probleme zwischen den Abteilungen auftreten, könnte Herr Fuhrmann die Schwierigkeiten auch mit allen Abteilungsleitern besprechen und sich um eine gemeinsame Lösung bemühen. Diese kann von den Leitern als klare Anordnung an ihre Mitarbeiter weitergeben werden.

■ Beispiel 13: Warten

■ Situation

Herr Bauer ist Vorstandsvorsitzender der polnischen Niederlassung eines großen deutschen Automobilherstellers. Wenn seine Sekretärin das Büro früher verlässt, hält er alle Türen zu seinem Zimmer geöffnet, damit seine Mitarbeiter jederzeit zu ihm kommen können. Trotzdem passiert es immer wieder, dass er am Ende eines Arbeitstages vor seinem Büro auf einige wartende Mitarbeiter trifft, die eine Unterschrift, einen Rat oder andere Kleinigkeiten brauchen. Anstatt zu klopfen und in sein Büro zu kommen, werfen sie nur einen kurzen Blick durch die Tür. Wenn er beschäftigt zu sein scheint, machen sie ihn nicht auf sich aufmerksam, sondern ziehen sich außer Sichtweite zurück und warten geduldig. Für Herrn Bauer ist diese Verhaltensweise unbegreiflich.

Wie erklären Sie sich das Verhalten der Mitarbeiter?

- Lesen Sie nun die Antwortalternativen nacheinander durch.
- Bestimmen Sie den Erklärungswert jeder Antwortalternative für die gegebene Situation und kreuzen Sie ihn auf der darunter liegenden Skala entsprechend an. Es ist möglich, dass mehrere Antwortalternativen den gleichen Erklärungswert besitzen.

Deutungen

a) In polnischen Unternehmen wird üblicherweise der Kontakt zum Vorgesetzten über das Sekretariat geregelt. Die Mitarbeiter wissen nicht, wie sie ohne die Sekretärin auf eine angemessene Weise Kontakt mit Herrn Bauer aufnehmen sollen.

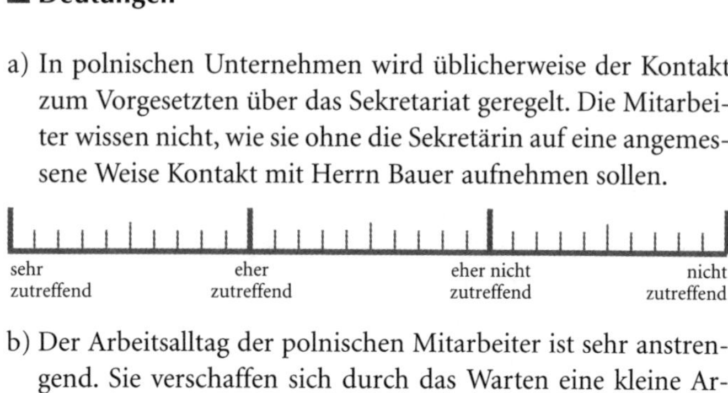

b) Der Arbeitsalltag der polnischen Mitarbeiter ist sehr anstrengend. Sie verschaffen sich durch das Warten eine kleine Arbeitspause.

c) Die Mitarbeiter vermeiden es, unangemeldet in Herrn Bauers Büro zu kommen. Möglicherweise ist er gerade mit Dingen beschäftigt, von denen er nicht will, dass jemand anderes davon erfährt.

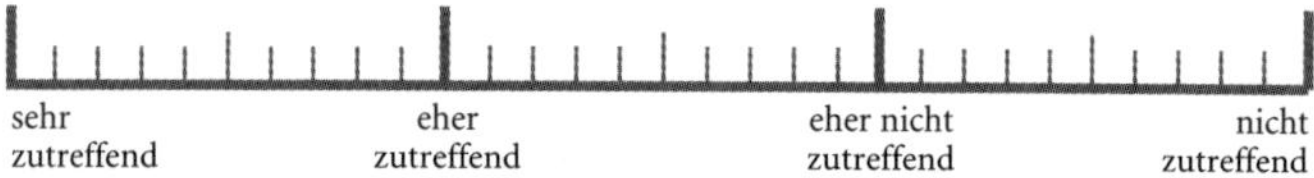

d) Es wäre in den Augen der Mitarbeiter unhöflich, Herrn Bauer in seiner Konzentration zu stören, wenn er gerade beschäftigt ist.

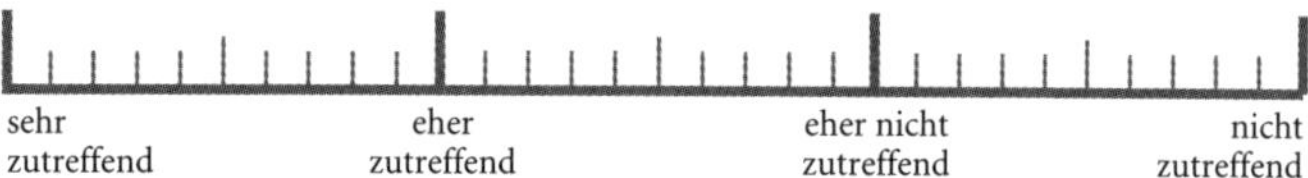

- Versuchen Sie, Ihre Einstufung jeder Antwortalternative zu begründen. Halten Sie die Begründung in schriftlicher Form stichpunktartig fest.
- Lesen Sie nun die Erläuterungen zu jeder Antwortalternative und vergleichen Sie diese mit Ihren eigenen Begründungen.

Bedeutungen

Erläuterung zu a):
Die Mitarbeiter vertreten die Einstellung, dass bei unbedeutenden Angelegenheiten ein direkter Kontakt mit dem Vorgesetzten nicht angebracht ist. In polnischen Unternehmen ist es nicht üblich, einfach so in das Büro des Vorgesetzten zu kommen. Die Distanz zwischen Vorgesetzten und Mitarbeitern ist größer als in Deutschland und ein Umgang auf gleicher Ebene nicht üblich. Dazu stellt der Vorgesetzte eine zu große Autorität dar. Normalerweise wenden sich die Mitarbeiter an das Sekretariat. Dieses hat in der Regel die Aufgabe, so viele Anfragen wie möglich abzufangen, damit der Vorgesetzte nicht unnötig gestört wird. Es gibt nur wenige Gelegenheiten, in denen eine direkte Kommunikation entsteht. Ein Gespräch mit dem Chef bedeutet für viele Polen, dass etwas Ernstes passiert sein muss und womöglich die Entlassung ansteht. Die Verunsicherung der Mitarbeiter wegen der für sie ungewohnten Offenheit des deutschen Vorgesetzten ist die kulturadäquate Erklärung für diese Situation.

Erläuterung zu b):
Eine längere Mittagspause, wie es in Deutschland üblich ist, findet sich in Polen seltener. Ein Relikt aus kommunistischen Zeiten ist der frühe Arbeitsbeginn in manchen Unternehmen; es wird ohne größere Unterbrechungen durchgearbeitet, so dass die reguläre Arbeitszeit häufig schon am frühen Nachmittag endet. Ab dann ist Zeit für private Erledigungen und das Zusammensein mit der Familie. Allerdings werden gern kleinere Pausen eingelegt. So nimmt man sich Zeit für private Gespräche unter Kollegen oder für eine gemeinsame Tasse Tee, wenn sich die Gelegenheit dazu ergibt. Es ist daher unwahrscheinlich, dass die Mitarbeiter nach einem Vorwand suchen, um eine Pause einlegen zu können, denn sie könnten sich auch ohne konkreten Grund eine kleine Auszeit gönnen. Es muss also eine andere Ursache für ihr Verhalten geben.

Erläuterung zu c):
Die Mitarbeiter ziehen sich zurück, um nicht von Angelegenheiten zu erfahren, die nicht für sie bestimmt sind. Herr Bauer könnte ja gerade damit beschäftigt sein, berufliche Angelegenhei-

ten auf eine Art und Weise zu erledigen, die nicht der offiziellen Agenda entspricht. Viele Polen nutzen persönliche Kontakte, um Formalitäten oder Genehmigungen zu beschleunigen. Dies hat nicht den Ruf von Klüngelbildung wie in Deutschland, sondern zeichnet einen cleveren und engagierten Mitarbeiter aus. Trotzdem gibt man seine Kontakte nicht gern preis, auch aus Diskretion gegenüber Bekannten, die man um eine Gefälligkeit gebeten hat. Aus polnischer Sicht ist allein entscheidend, dass ein Auftrag gut erledigt wird; der Weg dorthin ist Sache des entsprechenden Mitarbeiters. Vieles in der polnischen Geschäftswelt geschieht daher hinter verschlossenen Türen und man vermeidet es, Einsicht in die Arbeit eines anderen zu nehmen. Diese Erklärung könnte hier eine Rolle spielen, eine andere Antwort erklärt den kulturhistorischen Hintergrund allerdings besser.

Erläuterung zu d):
Höflichkeit und Zurückhaltung gehören zu den zentralen Tugenden der polnischen Alltagskultur. Sie sind kennzeichnend für das »edle« Verhalten. Wer einen guten Eindruck machen will, zeigt Anstand und beachtet die Etikette. Dieser kulturelle Hintergrund muss hier auf jeden Fall beachtet werden, ist jedoch nicht der alleinige Auslöser für das Verhalten der Mitarbeiter. Daher ist eine andere Erklärung besser geeignet.

- Beantworten Sie bitte folgende Frage: Wie würden Sie sich in einer ähnlichen Situation verhalten?

■ Lösungsstrategie

Die Wahrung der Distanz zwischen Vorgesetzten und Mitarbeitern ist eine zu beachtende Regel im beruflichen Alltag in Polen. Sie ist seit Jahrzehnten wirksam und kann nicht einfach beiseite geschoben werden. Will man trotzdem versuchen, diese Distanz zu durchbrechen, muss dies den Mitarbeitern deutlich, aber sensibel nahe gebracht werden.

Dazu genügen allgemeine Hinweise nicht, sondern Herr Bauer sollte mehrere Gespräche, wenn möglich mit jedem Mitarbeiter einzeln, führen. Darin sollte er betonen, dass er als deutsche

Fach- und Führungskraft andere, offene Kommunikationsmethoden pflegt; es sei daher jederzeit möglich und auch erwünscht, dass die Mitarbeiter von sich aus in das Büro kommen. Er kann auch selbst aktiv Zeichen setzen, zum Beispiel in dem er öfter das Zimmer verlässt, um auf seine Mitarbeiter zuzugehen. Wenn Herr Bauer dazu regelmäßig einen Blick nach draußen wirft und wartende Personen hereinbittet, wird deutlich, dass sein Büro kein verbotenes Terrain ist.

Trotz dieser Bemühungen kann es passieren, dass auch weiterhin eine gewisse Distanz bestehen bleibt. Ein kollegiales und demokratisches Verhältnis zwischen Vorgesetzten und Mitarbeitern ist in Polen noch nicht allgemein üblich und bereitet in der Durchsetzung einige Schwierigkeiten. Man sollte auch beachten, dass viele polnische Mitarbeiter bestimmte Erwartungen an die Kompetenz und Führungsautorität ihres Vorgesetzten haben. Ein übermäßig partnerschaftliches Verhalten kann den Respekt vor einer Führungsperson mindern und damit ihrem Ansehen schaden. Man kann versuchen, schrittweise den interpersonellen Abstand zu verringern, darf jedoch nicht in Distanzlosigkeit abdriften.

Beispiel 14: Kaufverhandlungen

Situation

Mehrere Vorstandsmitglieder einer Baufirma, in der auch Herr Trenker als Vorstand tätig ist, verhandeln mit Vertretern eines polnischen Herstellers über den Kauf mehrerer Fahrzeuge. In den Besprechungen sind auf polnischer Seite sowohl der Vorstandsvorsitzende als auch weitere Vorstandsmitglieder anwesend. Herr Trenker stellt im Laufe des Gesprächs verwundert fest, dass sich lediglich der polnische Vorsitzende an den Verhandlungen beteiligt. Die anderen Vorstände äußern sich während des Gesprächs nur, wenn sie direkt von ihm dazu aufgefordert werden. Auf deutscher Seite beteiligen sich dagegen alle Anwesenden gleichermaßen.

Wie erklären Sie sich das Verhalten der polnischen Vorstandsmitglieder?

- Lesen Sie nun die Antwortalternativen nacheinander durch.
- Bestimmen Sie den Erklärungswert jeder Antwortalternative für die gegebene Situation und kreuzen Sie ihn auf der darunter liegenden Skala entsprechend an. Es ist möglich, dass mehrere Antwortalternativen den gleichen Erklärungswert besitzen.

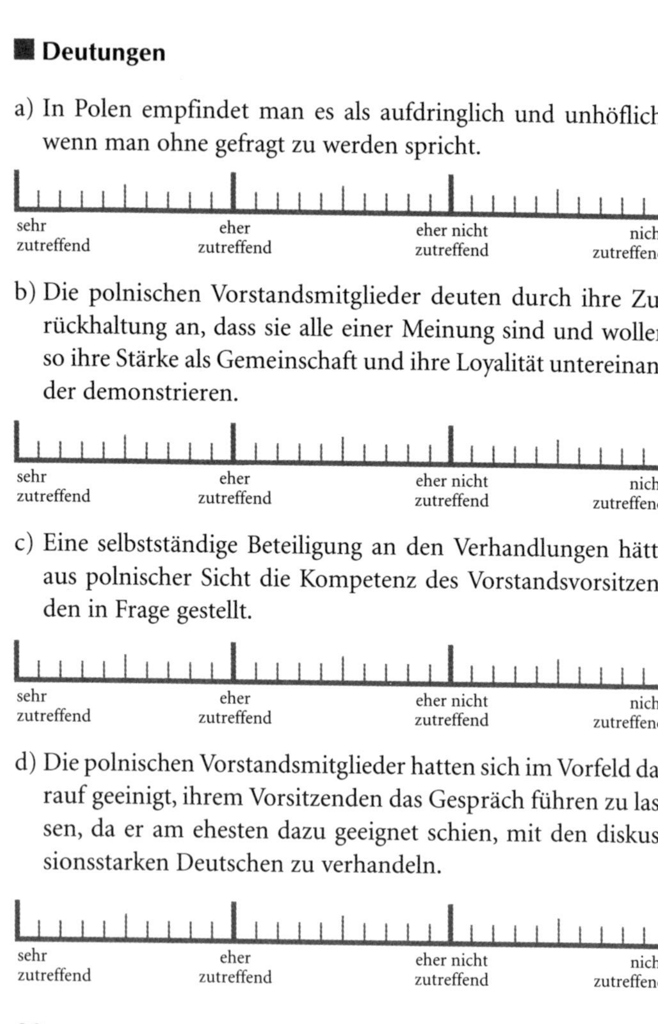

Deutungen

a) In Polen empfindet man es als aufdringlich und unhöflich, wenn man ohne gefragt zu werden spricht.

sehr zutreffend | eher zutreffend | eher nicht zutreffend | nicht zutreffend

b) Die polnischen Vorstandsmitglieder deuten durch ihre Zurückhaltung an, dass sie alle einer Meinung sind und wollen so ihre Stärke als Gemeinschaft und ihre Loyalität untereinander demonstrieren.

sehr zutreffend | eher zutreffend | eher nicht zutreffend | nicht zutreffend

c) Eine selbstständige Beteiligung an den Verhandlungen hätte aus polnischer Sicht die Kompetenz des Vorstandsvorsitzenden in Frage gestellt.

sehr zutreffend | eher zutreffend | eher nicht zutreffend | nicht zutreffend

d) Die polnischen Vorstandsmitglieder hatten sich im Vorfeld darauf geeinigt, ihrem Vorsitzenden das Gespräch führen zu lassen, da er am ehesten dazu geeignet schien, mit den diskussionsstarken Deutschen zu verhandeln.

sehr zutreffend | eher zutreffend | eher nicht zutreffend | nicht zutreffend

- Versuchen Sie, Ihre Einstufung jeder Antwortalternative zu begründen. Halten Sie die Begründung in schriftlicher Form stichpunktartig fest.
- Lesen Sie nun die Erläuterungen zu jeder Antwortalternative und vergleichen Sie diese mit Ihren eigenen Begründungen.

Bedeutungen

Erläuterung zu a):
In der polnischen Gesprächskultur gilt es als unhöflich, unaufgefordert zu sprechen, außer man unterhält sich mit guten Bekannten oder Freunden. Nach dem Motto »Reden ist Silber, Schweigen ist Gold« drängt man sich in Gesprächen nicht in den Vordergrund, sondern wartet darauf, bis man angesprochen wird. Dies ist Teil einer allgemeinen Bescheidenheit, die in Polen als Tugend gilt und in vielen Bereichen wirksam ist. Dieser Faktor spielt hier möglicherweise eine Rolle, allerdings müssen auch die unterschiedlichen hierarchischen Positionen der einzelnen Verhandlungspartner berücksichtigt werden. Daher ist eine andere Erklärung besser geeignet.

Erläuterung zu b):
Allgemein wird in Polen Wert auf Gemeinschaftssinn und positive Beziehungen gelegt. Das bedeutet jedoch nicht, dass die Vorstandsmitglieder voneinander erwarten, jeder müsse die gleiche Meinung vertreten. Stimmen die persönlichen Beziehungen untereinander, so äußern polnische Kollegen auch widersprüchliche Ansichten und tauschen Ideen offen untereinander aus. In Verhandlungsgesprächen kann es passieren, dass die polnischen Partner untereinander lebhaft zu diskutieren beginnen. Auf deutsche Fach- und Führungskräfte wirkt das so, als seien die polnischen Partner unvorbereitet und uneinig, doch vom polnischen Standpunkt aus ist dies ein Zeichen für Glaubwürdigkeit. Ein Team, dessen einzelne Mitglieder ihre unterschiedlichen Ansichten vertreten, wirkt ehrlicher als eine Gruppe, die geschlossen hinter einer einzigen Strategie steht. Die vermeintliche Klarheit und Zielstrebigkeit, die deutsche Geschäftspartner häufig von

Beginn an in Verhandlungen zeigen, wirkt auf Polen eher unglaubwürdig. Es ist unwahrscheinlich, dass die polnischen Partner in dieser Situation den Anschein erwecken wollten, sie seien alle einer Meinung. Es gibt einen anderen Grund für ihre Zurückhaltung.

Erläuterung zu c):
Würde sich einer der polnischen Vorstandsmitglieder in Anwesenheit des Vorsitzenden in das Gespräch einmischen, hätte es den Anschein, als traue er diesem nicht genügend Wissen oder Kompetenz zu, die Verhandlungen allein zu führen. Aufgrund der ausgeprägten Hierarchieorientierung darf die Kompetenz eines Vorgesetzten nie offen in Frage gestellt werden, insbesondere nicht vor niedriger gestellten Personen. In Anwesenheit ihres Vorgesetzten halten sich polnische Mitarbeiter aus Vorsicht lieber zurück und sprechen nur, wenn sie direkt dazu aufgefordert werden. Auch dann unterstreichen sie meist die Meinung der hierarchisch übergeordneten Führungskraft. In dieser Situation steht es dem Vorstandsvorsitzenden aufgrund seiner Autorität allein zu, die Verhandlungen nach seinen Vorstellungen zu führen. Diese Antwort erklärt den kulturhistorischen Hintergrund am besten.

Erläuterung zu d):
Es könnte durchaus sein, dass sich die polnischen Vorstandsmitglieder im Vorfeld Gedanken darüber gemacht haben, wie sie den Deutschen Paroli bieten wollen. Aufgrund ihres direkten Kommunikationsstils gelten Deutsche in Polen als sehr diskussionsstark. Heikle Gesprächspunkte sind für Polen eher unangenehm und werden aus der Diskussion lieber ausgespart, um die Harmonie des Gesprächs nicht zu stören. Deutsche sehen solche Probleme unter rein sachlichen Gesichtspunkten und schenken der persönlichen Ebene wenig Aufmerksamkeit. Auf die polnische Seite wirkt das hart und rücksichtslos und ist oftmals der Grund für Missverständnisse zwischen deutschen und polnischen Verhandlungspartner. Es ist allerdings unwahrscheinlich, dass jemand anderem als dem Vorsitzenden die Gesprächsführung übertragen worden wäre, selbst wenn ein anderes Vorstandsmitglied besser dafür geeignet gewesen wäre. Der kultur-

historische Hintergrund, der das Verhalten der Vorstandsmitglieder erklärt, ist in einer anderen Antwort enthalten.

- Beantworten Sie bitte folgende Frage: Wie würden Sie sich in einer ähnlichen Situation verhalten?

■ Lösungsstrategie

Die polnische Hierarchieorientierung bestimmt das Verhalten in Gruppengesprächen, in denen eine übergeordnete Person anwesend ist. Polnische Mitarbeiter beteiligen sich meist nur dann an Diskussionen, wenn sie von ihrem Vorgesetzten dazu aufgefordert werden. In dieser Situation wäre es kontraproduktiv, wenn Herr Trenker die Passivität der polnischen Vorstandsmitglieder durch direkte Fragen an sie aufbrechen wollen würde. Damit würde er die polnischen Mitarbeiter gegenüber ihrem Vorgesetzten in Verlegenheit bringen und könnte so indirekt Spannungen auf der Gegenseite auslösen. Besser wäre es, wenn er die hierarchisch begründete Verteilung der Kompetenzen akzeptiert.

Wenn man selbst unter einer polnischen Führungskraft arbeitet, kann eigenständiges Vorgehen in Gruppengesprächen in Anwesenheit des Vorgesetzten Missbilligung auslösen. Will man eigene Ideen und Vorstellungen einbringen, ist es ratsam, dies mit dem Vorgesetzten unter vier Augen zu besprechen, um nicht vor anderen dessen Autorität zu unterwandern. Allerdings werden ausländischen Kollegen hier auch Sonderrechte eingeräumt.

Eine deutsche Führungskraft kann seine Mitarbeiter durch Fragen dazu ermuntern, sich aktiv an Gruppendiskussionen zu beteiligen. Allerdings muss damit gerechnet werden, dass sie lediglich die zuvor geäußerten oder vermuteten Ansichten ihres Vorgesetzten bestätigen und kaum eigene Ideen vorbringen. Die Mitarbeiter wollen vermeiden, ihn inkompetent erscheinen zu lassen, und wahren sein Gesicht, nicht zuletzt auch in Sorge über negative Konsequenzen für die eigene Person. Hier hilft auch eine positive Beziehung zu den Mitarbeitern nicht weiter, da dadurch nur der Wille bestärkt wird, den Vorgesetzten vor anderen Personen nicht durch Kritik bloßzustellen. Widersprüchliche Meinungen oder Bedenken lassen sich besser in Einzelgesprächen als in Gruppendiskussionen austauschen. Unter hierarchisch gleichgestellten Partnern, die eine gute Beziehung zueinander aufgebaut haben, kann man dagegen einen regen Gedankenaustausch und auch lebhafte Wortgefechte beobachten. Dabei verfolgen polnische Gesprächspartner keine lineare Argumentation, sondern besprechen auch Details immer wieder, bis ein zufrieden stellender Konsens gefunden ist. Dies mag aus deutscher Sicht umständlich erscheinen, gewährleistet aber, dass alle mit der Lösung zufrieden sind und sie engagiert mit tragen.

Das Führen eines Protokolls bei Besprechungen ist in Polen im Übrigen unüblich. Hier kommt die Abneigung gegen eine schriftliche Dokumentation zum Tragen. Legt man Wert auf die Protokollierung einer Sitzung, sollte man dies am besten selbst übernehmen. Zu ausführliche Protokolle wirken allerdings pedantisch und kontrollierend; die wichtigsten Stichpunkte sollten genügen.

■ Beispiel 15: Die Umstrukturierung

■ Situation

Herrn Völkls Firma, in der er als Projektmanager arbeitet, ist an einer polnischen Produktionsfirma beteiligt. Herr Völkl hat an der Umstrukturierung dieser Firma mitgearbeitet, bei der unter anderem eine neue Marketingabteilung eingerichtet wurde. Bereits nach kurzer Zeit zeigt sich, dass einer der Vorstände, Herr Teski, der vorher für den Bereich Marketing zuständig war, mit der neuen Abteilung nicht zusammenarbeitet. Er ignoriert Berichte, die von dort an ihn gesandt werden, vereinbart selbstständig Termine mit Kunden und entwickelt weiterhin eigene Marketingprojekte. Herr Völkl kann nicht verstehen, warum der Herr Teski die Arbeit nicht an die neue Abteilung abgeben will.

Wie erklären Sie sich Herrn Teskis Verhalten?

- Lesen Sie nun die Antwortalternativen nacheinander durch.
- Bestimmen Sie den Erklärungswert jeder Antwortalternative für die gegebene Situation und kreuzen Sie ihn auf der darunter

liegenden Skala entsprechend an. Es ist möglich, dass mehrere Antwortalternativen den gleichen Erklärungswert besitzen.

Deutungen

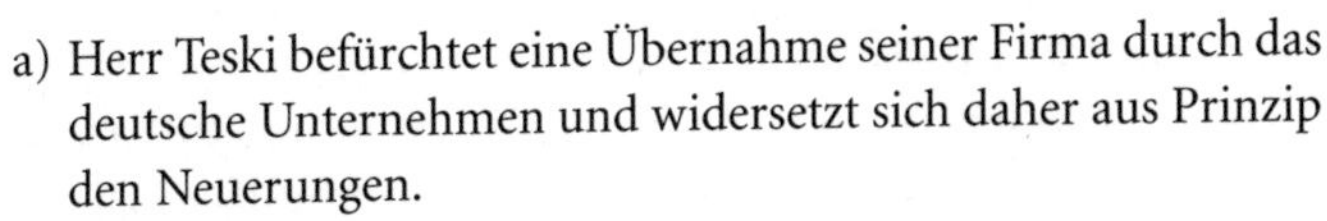

a) Herr Teski befürchtet eine Übernahme seiner Firma durch das deutsche Unternehmen und widersetzt sich daher aus Prinzip den Neuerungen.

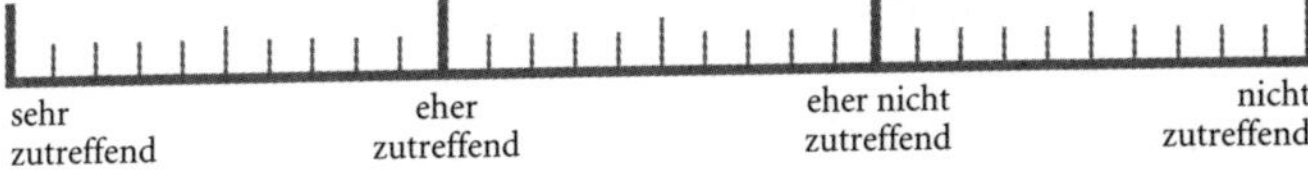

b) Die neue Abteilung ist mit der Durchführung von Marketingprojekten noch nicht so vertraut. Herr Teski hat Angst, dass die Firma ohne sein Eingreifen ihren guten Ruf verliert.

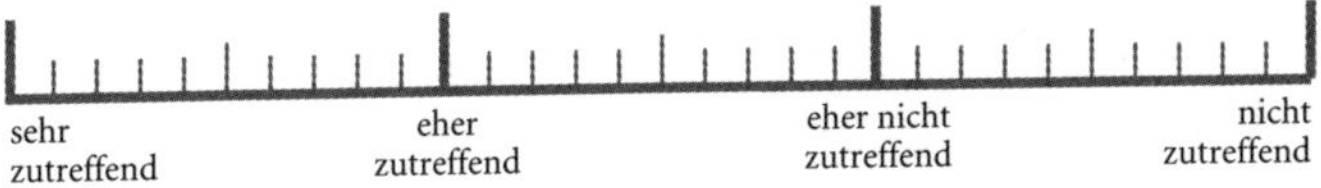

c) Herr Teski gibt indirekt zu verstehen, dass er die neue Marketingabteilung für eine Fehlinvestition hält, da seine Abteilung die Arbeit genauso gut erledigen könne.

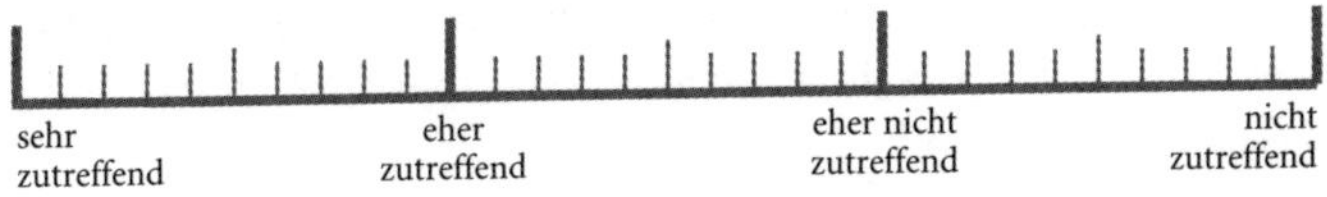

d) Herr Teski fühlt sich durch die Verkleinerung seines Verantwortungsbereichs in seiner beruflichen Stellung herabgesetzt und will dies nicht akzeptieren.

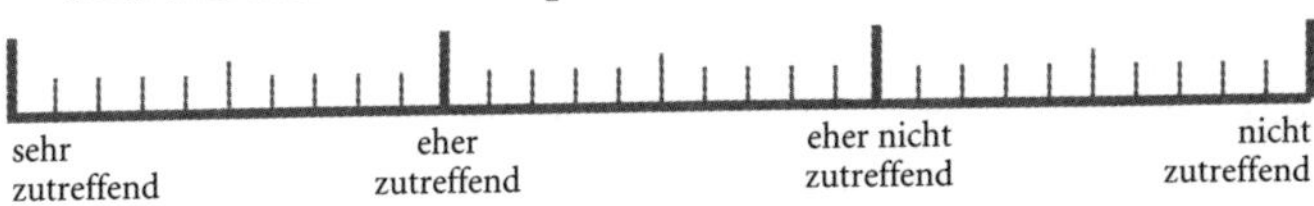

- Versuchen Sie, Ihre Einstufung jeder Antwortalternative zu begründen. Halten Sie die Begründung in schriftlicher Form stichpunktartig fest.
- Lesen Sie nun die Erläuterungen zu jeder Antwortalternative und vergleichen Sie diese mit Ihren eigenen Begründungen.

■ Bedeutungen

Erläuterung zu a):
Herr Teski fürchtet möglicherweise – wie manche seiner Landsleute – den Ausverkauf polnischer Unternehmen an deutsche Großinvestoren. Gegen die vermeintliche Machtübernahme deutscher Unternehmen auf dem polnischen Markt regt sich in einigen wenigen Fällen Widerstand, insgesamt ist aber eine derart begründete ablehnende Haltung eher eine Randerscheinung. Eine andere Erklärung ist hier besser geeignet.

Erläuterung zu b):
Es ist möglich, dass Herr Teski die Firma vor einem Imageverlust schützen will. Allerdings ist die Loyalität gegenüber dem eigenen Unternehmen in Polen nicht besonders ausgeprägt. Man fühlt sich gegenüber einer Institution nicht zu Treue verpflichtet. Anders verhält es sich dagegen mit Menschen. Um Bekannten oder befreundeten Kollegen einen Gefallen zu erweisen, kann es durchaus vorkommen, dass die Interessen der Firma zurückgestellt werden. Der finanzielle Erfolg eines Unternehmens, insbesondere deutscher Firmen, wird manchmal als selbstverständlich betrachtet und nicht mit der eigenen Arbeitseinstellung in Verbindung gebracht. Zwar wäre diese Antwort hier durchaus denkbar, ist aber sicher nicht allein ausschlaggebend für Herrn Teskis Verhalten.

Erläuterung zu c):
Durch das Ignorieren der Umstrukturierung und die Verwirklichung eigener Ideen könnte Herr Teski versuchen, das deutsche Unternehmen davon zu überzeugen, wieder zu den alten Praktiken zurückzukehren. Offene Kritik würde die persönlichen Beziehungen stören und eine unangenehme Atmosphäre schaffen. Würde das Unternehmen aufgrund der Schwierigkeiten die Neuerungen wieder rückgängig machen, hätte Herr Teski seine Wünsche durchgesetzt, ohne dass es zu einer offenen Auseinandersetzung gekommen wäre. Beide Seiten würden so ihr Gesicht wahren. Dies könnte eine Erklärung sein, eine andere Antwort ist hier allerdings besser geeignet.

Erläuterung zu d):
Durch die Verkleinerung seines Kompetenzbereichs verliert Herr Teski an Einfluss und Verantwortung und damit an Ansehen und Respekt. Das Herabrutschen in der Hierarchieleiter des Unternehmens empfindet er als bedrohlich und daher hält er an seinen früheren Aufgaben fest. Eine hohe hierarchische Position und die damit verbundene Autorität haben für Führungskräfte eine große Bedeutung. Allerdings wird das Verlangen nach Macht und Einfluss von manchen Polen auch negativ bewertet. Möglicherweise empfindet Herr Teski die Verkleinerung seines Arbeitsbereichs auch als Angriff auf seine eigene Person. Anscheinend hält man ihn für inkompetent, sonst hätte man ihm diese Aufgaben nicht entzogen. Diese Antwort erklärt am besten, warum sich Herr Teski derart unkooperativ verhält.

- Beantworten Sie bitte folgende Frage: Wie würden Sie sich in einer ähnlichen Situation verhalten?

■ Lösungsstrategie

In Polen ist das Umgehen oder Ignorieren unangemessener oder unerwünschter Anordnungen in einigen Fällen Ausdruck passiven Widerstands. Manche deutsche Fach- und Führungskräfte interpretieren dieses Verhalten so, als seien ihre Mitarbeiter unmotiviert oder inkompetent. Dabei ist es eher ein Anzeichen dafür, dass etwas nicht in Ordnung ist oder dass die Mitarbeiter mit bestimmten Anordnungen nicht einverstanden sind. Sich offen über etwas zu beschweren oder Stellung gegen etwas zu beziehen, steht dem indirekten Kommunikationsstil und der allgemeinen Tendenz zur Konfliktvermeidung in Polen entgegen.

Um Herrn Teski in dieser Situation vor dem Verlust des Ansehens zu schützen, sollte Herrn Völkls Firma bei der Umstrukturierung Ersatz für den verlorenen Kompetenzbereich finden oder einen neuen Aufgabenbereich für ihn schaffen. In persönlichen Gesprächen können seine fachlichen Fähigkeiten gewürdigt und die besonderen Vorteile seines neuen Arbeitsfeldes herausgestellt werden. So kann verhindert werden, dass Herr Teski die neue Aufgabenverteilung als Verlust empfindet.

Insgesamt ist es ratsam, bei Konflikten das persönliche Gespräch mit dem entsprechenden Kollegen zu suchen. Fühlt sich dieser verstanden und kann Vertrauen aufbauen, wird er Vorbehalte oder Ängste zumindest andeutungsweise äußern. Versucht man stattdessen Anordnungen autoritär durchzusetzen, wird die Widerstandshaltung der Mitarbeiter nur noch weiter verstärkt. Um Missstimmungen vorzubeugen oder frühzeitig reagieren zu können, ist es ratsam, sich von Zeit zu Zeit bei einem polnischen Kollegen, zu dem man eine gute Beziehung aufgebaut hat, nach der aktuellen Stimmung im Unternehmen zu erkundigen. Polnische Mitarbeiter reagieren meist früher und sensibler als Deutsche auf sich andeutende Spannungen. Solche Gespräche sollten jedoch im privaten Rahmen und unter vier Augen geführt werden, um Vertraulichkeit zu gewährleisten.

■ Kulturelle Verankerung von »Hierarchieorientierung«

Hierarchien strukturieren und beeinflussen in Polen den beruflichen Alltag stärker als in Deutschland. Die Autorität hierarchisch höher gestellter Personen wird akzeptiert und bedingt im beruflichen Kontext eine große Distanz zwischen Vorgesetzten und Untergebenen. Die Stellung im Hierarchiesystem definiert die berufliche Rolle, indem sie die damit verbundenen Rechte und Pflichten klar festlegt. Kompetenzüberschreitungen werden vermieden. Titel, Ämter und Positionen müssen nicht nur bei der Anrede, sondern auch im allgemeinen Umgang miteinander berücksichtigt werden.

Die Distanz zwischen Mitarbeitern und Vorgesetzten stellt einen zentralen Aspekt des Kulturstandards »Hierarchieorientierung« dar. Solange sowohl Vorgesetzter als auch Mitarbeiter ihre Rollen erfüllen, scheint kein Anlass für eine persönliche Kontaktaufnahme gegeben zu sein. Gespräche ergeben sich nur aus konkreten Gründen. Auch im Privaten begegnet man dem Vorgesetzten distanziert; ein übermäßig kollegiales Verhalten gilt auf beiden Seiten als unangemessen.

Verbesserungsvorschläge oder Kritik bezogen auf die Arbeit des Vorgesetzten werden als persönlicher Angriff auf eine Autoritätsperson betrachtet und kämen einer offenen Beleidigung gleich. Auch aus Angst vor Repressalien meiden die meisten polnischen Mitarbeiter einen offenen Meinungsaustausch und halten sich in Anwesenheit ihres Vorgesetzten mit eigenen Ansichten zurück. Methoden wie zum Beispiel das ein Deutschland eingesetzte »Brainstorming« sind in Polen ungewohnt.

Zwischen polnischen Vorgesetzten und Mitarbeitern sind die Aufgaben und Kompetenzen klar verteilt. Von den Untergebenen wird erwartet, dass sie den Anordnungen ihres Vorgesetzten Folge leisten, ohne sie in Frage zu stellen. Mancher polnischer Vorgesetzte unterstreicht seine Machtposition zusätzlich durch autoritäres Auftreten, was deutsche Führungskräfte allerdings eher meiden sollten, um nicht an das Verhalten der deutschen Besatzer zu erinnern. Hier ist vielmehr ein respektvoller und um Verständnis bemühter Umgang sinnvoll. Zudem erfordert es die berufliche Rolle eines Vorgesetzten, dass er Entscheidungen trifft, Verantwortung übernimmt und Probleme löst, die die Kompetenz seiner Mitarbeiter übersteigen. Deutsche Fach- und Führungskräfte, die auf Teamarbeit setzen und gemeinsam mit ihren Mitarbeitern nach Lösungen suchen wollen, wirken auf polnische Angestellte eher als inkompetent und entscheidungsschwach; allerdings kann ein teamorientierter Führungsstil auf persönlicher Ebene auch positive Effekte haben. Ein sensibler Bereich stellt die Kontrolle von Arbeitsschritten dar. Es wird erwartet, dass sich ein Vorgesetzter von Zeit zu Zeit nach dem Stand der Dinge erkundigt, da sonst ein Arbeitsauftrag nicht von Bedeutung zu sein scheint und fallen gelassen wird. Zu häufige Kontrollen dagegen werden als unangemessener Eingriff in den Kompetenzbereich der Mitarbeiter und als Zeichen von Misstrauen gedeutet.

Die polnische Hierarchieorientierung kann nicht mit einer allgemeinen Autoritätshörigkeit gleichgesetzt werden. Die Beachtung hierarchischer Strukturen wird von polnischen Mitarbeitern als notwendig erachtet, um die eigene Person innerhalb des Systems zu schützen. Erneut spielen hier die Erfahrungen aus den Zeiten der Fremdbesetzung Polens eine entscheidende Rolle. Die nichtpolnischen Befehlshaber hatten zu dieser Zeit die absolute Autorität im Lande inne, wohingegen das polnische Volk kaum Rechte besaß. Entscheidungen wurden oft von inkompetenten Machtinhabern getroffen, die ihre Position ihrer Abstammung oder einfach ihrem opportunen Verhalten zu verdanken hatten und weniger ihren Fähigkeiten. Hier bewahrte das strikte Befolgen von Anordnungen und Anweisungen von oben davor, für Fehler, die aus unsinnigen Anweisungen entstehen konnten, persönlich haftbar gemacht zu werden. Auch heute lässt sich das Verhalten gegenüber Vorgesetzten nicht als reiner »Gehorsam«, sondern vielmehr als »Vorsicht gegenüber Autoritäten« bezeichnen. Als deutsche Fach- und Führungskraft sollte man daher nicht den Fehler begehen, seine polnischen Mitarbeiter als unselbstständig oder unmotiviert einzuschätzen, wenn Anweisungen unkritisch befolgt werden. Eigene Ideen und Vorstellungen sind natürlich vorhanden, aber es erfordert eine große Sensibilität gegenüber den Mitarbeitern, um die verbreitete Zurückhaltung bei der Übernahme von Eigenverantwortung abbauen zu können. Ein weiterer Faktor, der zur Ausprägung der Hierarchieorientierung beigetragen hat, ist der seit vielen Jahrhunderten andauernde Einfluss der hierarchisch gegliederten katholischen Kirche in Polen.

Innerhalb des Kulturstandards »Hierarchieorientierung« ist es notwendig, mögliche Ausnahmen zu beachten. Pragmatische Überlegungen und die persönliche Betroffenheit spielen dabei eine Rolle und können die hierarchische Orientierung auch entschärfen oder auch außer Kraft setzen. Solange Anordnungen keine Bedeutung besitzen und niemandem persönlich schaden, werden sie unkritisch ausgeführt. Hat eine Anordnung allerdings persönliche Relevanz oder wird sie als nachteilig empfunden, kann es zu passivem Widerstand auf Seiten der Mitarbeiter kommen (siehe auch »Personenbezogenen Emotionalität«). Die Anordnung wird dabei einfach geändert oder völlig ignoriert.

Themenbereich 4: Flexibler Umgang mit Regelsystemen

Beispiel 16: Gesprächsnotizen

Situation

Herr Schulz ist Abteilungsleiter eines Unternehmens in Warschau. Es ist ihm unbegreiflich, wie seine gut ausgebildeten Mitarbeiter mit Informationen umgehen. So ist es vor seinem Eintritt in das Unternehmen in der Abteilung nicht üblich gewesen, bei wichtigen Telefonaten Notizen anzufertigen. Herr Schulz hält das aber für notwendig, um einen Vorgang nachvollziehen zu können. Er entwickelt deshalb ein einfaches Formular und legt fest, dass es bei bedeutenden telefonischen oder persönlichen Gesprächen ausgefüllt werden muss. Aber nach mehreren Monaten kämpft er immer noch darum, dass dies tatsächlich so praktiziert wird.

Wie erklären Sie sich das Verhalten der Mitarbeiter?

- Lesen Sie nun die Antwortalternativen nacheinander durch.
- Bestimmen Sie den Erklärungswert jeder Antwortalternative für die gegebene Situation und kreuzen Sie ihn auf der darunter liegenden Skala entsprechend an. Es ist möglich, dass mehrere Antwortalternativen den gleichen Erklärungswert besitzen.

Deutungen

a) Die Mitarbeiter halten sich selbst für ausreichend qualifiziert, um eigenständig mit Informationen aus Telefonaten und Gesprächen umgehen zu können. Daher ignorieren sie Herrn Schulzes Anordnung.

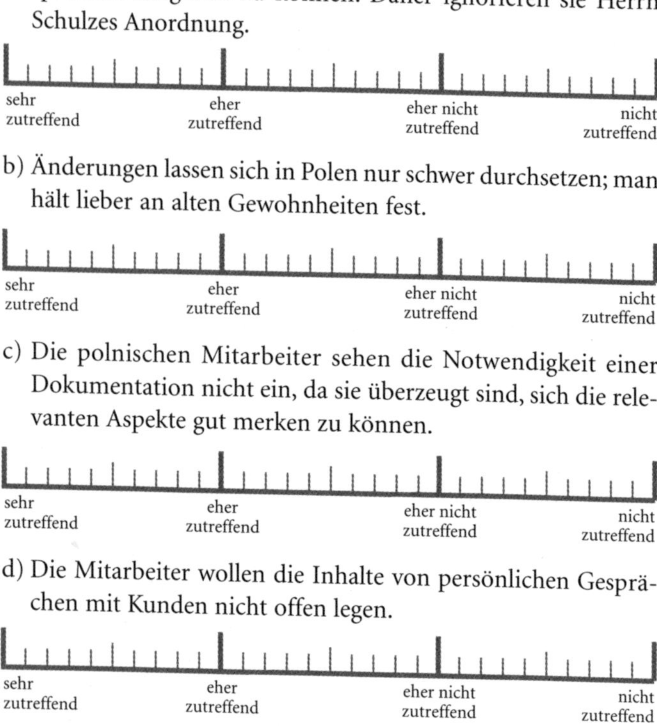

b) Änderungen lassen sich in Polen nur schwer durchsetzen; man hält lieber an alten Gewohnheiten fest.

c) Die polnischen Mitarbeiter sehen die Notwendigkeit einer Dokumentation nicht ein, da sie überzeugt sind, sich die relevanten Aspekte gut merken zu können.

d) Die Mitarbeiter wollen die Inhalte von persönlichen Gesprächen mit Kunden nicht offen legen.

- Versuchen Sie, Ihre Einstufung jeder Antwortalternative zu begründen. Halten Sie die Begründung in schriftlicher Form stichpunktartig fest.
- Lesen Sie nun die Erläuterungen zu jeder Antwortalternative und vergleichen Sie diese mit Ihren eigenen Begründungen.

■ Bedeutungen

Erläuterung zu a):

Herr Schulz greift mit dieser Maßnahme in die individuellen Arbeitsbereiche seiner Mitarbeiter ein und unterstellt ihnen aus ihrer Sicht Inkompetenz. Sie sehen damit nicht nur ihre fachlichen Fähigkeiten in Frage gestellt, sondern fühlen sich persönlich abgewertet. Ihrer Meinung nach wüssten sie am besten, wie Telefongespräche zu führen sind. Schließlich seien sie schon länger als Herr Schulz im Unternehmen tätig und waren bis jetzt mit ihren eigenen Methoden erfolgreich. Auf die Vorschrift reagieren sie mit passivem Widerstand, denn sie wollen sich eine Bevormundung von Herrn Schulz nicht gefallen lassen. Die Verteidigung der eigenen Kompetenzen könnte hier eine Rolle spielen, eine andere Erklärung ist allerdings besser geeignet.

Erläuterung zu b):
Flexibilität ist kennzeichnend für die polnische Handlungsorganisation. Zwar braucht es in Polen einige Zeit, bis sich Änderungen völlig durchgesetzt haben. Dies ist allerdings ein allgemein verbreitetes Phänomen. Viele Polen sind in der Lage, auf Veränderungen schnell zu reagieren und sich neuen Bedingungen, wenn es die Situation erfordert, anzupassen. Daher kann nicht von einer allgemeinen Abneigung gegenüber Neuerungen ausgegangen werden. Diese Erklärung ist eher nicht zutreffend.

Erläuterung zu c):
Aus der Sicht der Mitarbeiter hat die Erfüllung des Arbeitsziels Priorität; der Weg dorthin ist zweitrangig. Maßnahmen zur Strukturierung und Standardisierung von Arbeitsabläufen erscheinen Polen pedantisch und überflüssig. Man wählt Bearbeitungsmethoden dann aus, wenn sie gebraucht werden und orientiert sich dabei an der spezifischen Aufgabenstellung und den Rahmenbedingungen. Diese Arbeitshaltung wirkt zwar auf Deutsche manchmal unorganisiert. Allerdings sind dank der geringeren Reglementierung des beruflichen Alltags viele polnische Mitarbeiter in der Lage, Probleme auf originelle und kreative Art und Weise zu lösen. Diese Antwort erklärt den kulturellen Hintergrund am besten.

Erläuterung zu d):
Sollten die polnischen Geschäftspartner oder Kunden von der schriftlichen Dokumentation ihrer Gespräche mit den Mitarbeitern erfahren, könnte ihr Vertrauen in die entsprechenden Personen und in das Unternehmen beschädigt werden. Das persönliche Gespräch hat nicht nur informativen Charakter, sondern dient in erster Linie dem Beziehungsaufbau zwischen den Betei-

ligten. Beide Gesprächspartner gehen davon aus, dass Vertrauliches unter ihnen bleibt und nicht an Dritte weitergegeben wird. Schriftliche Dokumentation ist in Polen eher unbeliebt, da nicht kontrolliert werden kann, wer Einsicht in die Notizen nimmt und wie sie weiter verwendet werden. Dieser Faktor muss in jedem Fall berücksichtigt werden, wenngleich eine andere Erklärung hier besser geeignet ist.

- Beantworten Sie bitte folgende Frage: Wie würden Sie sich in einer ähnlichen Situation verhalten?

■ Lösungsstrategie

Deutsche Fach- und Führungskräfte sind gewohnt, Arbeitsabläufe bis ins Detail zu planen und zu standardisieren. In Polen gilt dies allerdings nicht als Ausdruck besonderer Tüchtigkeit, sondern wirkt eher überflüssig und belehrend und zeugt von Unsicherheit und einem Mangel an Souveränität. Gerade, da es sich wie hier um eine eher einfache Angelegenheit handelt, fühlen sich die polnischen Mitarbeiter unnötig bevormundet. Schließlich sind sie ausgebildetes Fachpersonal und Herr Schulz kann von ihnen erwarten, dass sie derartige Kleinigkeiten selbstständig lösen können. Anstatt übermäßig in die Arbeitsabläufe einzugreifen, sollte Herr Schulz die Eigenständigkeit und die individuellen Fähigkeiten seiner Mitarbeiter respektieren. So schafft er eine Atmosphäre des Vertrauens und der Wertschätzung, die sich positiv auf die Motivation der Mitarbeiter auswirkt. Für die Beurteilung der Arbeit seiner Angestellten sollte nicht entscheidend sein, wie bestimmte Arbeitsschritte ausgeführt werden, sondern ob und in welcher Qualität die vorgegebenen Ziele erreicht werden.

Ist das Ziel der Arbeit einmal vorgegeben, kann man sich aus dem Arbeitsprozess zurückziehen und die weiteren Schritte den Mitarbeitern überlassen. Einzelne Kontrollen sind trotzdem notwendig, um neue Impulse zu geben und die Entwicklung von Projekten bei Bedarf in die richtige Richtung zu lenken.

Durch die geringe Standardisierung existieren unterschiedliche Arbeitsmethoden nebeneinander, was Deutschen auf den ersten

Blick ungeordnet erscheinen mag. Sollten aber dadurch keine größeren Schwierigkeiten entstehen, tut man gut daran, bei kleineren Reibungsverlusten ein Auge zu zudrücken. Sonst erwirbt man sich schnell den Ruf, übergenau und kleinlich zu sein. Scheint es unumgänglich, neue Standards einzuführen, sollte dies am besten mit jedem Mitarbeiter einzeln besprochen werden. Dabei sollte vor allem herausgestellt werden, welche Ziele zum Beispiel mit der Einführung von Standardformularen verfolgt werden. Können die Vorteile einer Neuerung erfolgreich vermittelt werden, dürfte deren weitere Umsetzung weniger Probleme bereiten.

■ Beispiel 17: Kundenakquisition

■ Situation

Herr Jahn arbeitet als Firmenkundenbetreuer einer deutschen Bank in Polen. Bevor er mit einem potenziellen Kunden Kontakt aufnimmt, verschafft er sich über ihn so viele Informationen wie möglich, um zu prüfen, ob dieser überhaupt als Kunde für die Bank in Frage kommt. Bei den polnischen Kollegen fällt ihm auf, dass diese häufig voreilig einen Termin mit einem Kunden vereinbaren, dann aber dessen Erwartungen nicht erfüllen können. Für Herrn Jahn ist dieses ungeplante Vorgehen unverständlich.

Wie erklären Sie sich das Verhalten der polnischen Kollegen?

- Lesen Sie nun die Antwortalternativen nacheinander durch.
- Bestimmen Sie den Erklärungswert jeder Antwortalternative für die gegebene Situation und kreuzen Sie ihn auf der darunter liegenden Skala entsprechend an. Es ist möglich, dass mehrere Antwortalternativen den gleichen Erklärungswert besitzen.

■ Deutungen

a) Sowohl die polnischen Mitarbeiter als auch die polnischen Kunden vertrauen darauf, dass sich in den Gesprächen ergibt, ob und wie man zusammenarbeiten kann.

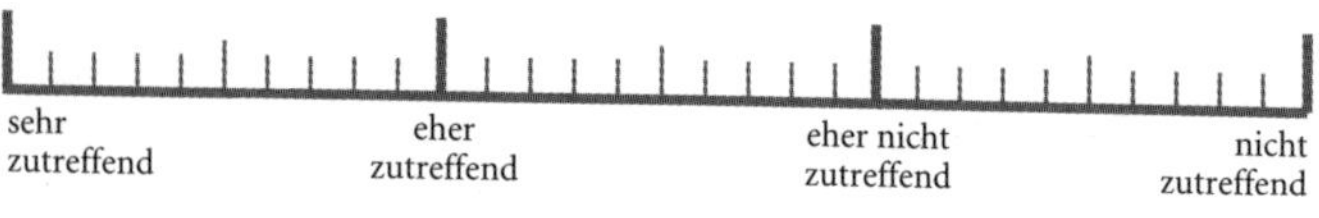

b) Im Vorfeld einen Kunden allein aufgrund von Zahlen und Fakten zu beurteilen, erscheint den Kollegen unangebracht. Eine angemessene Einschätzung ist nur aus dem persönlichen Kontakt heraus möglich.

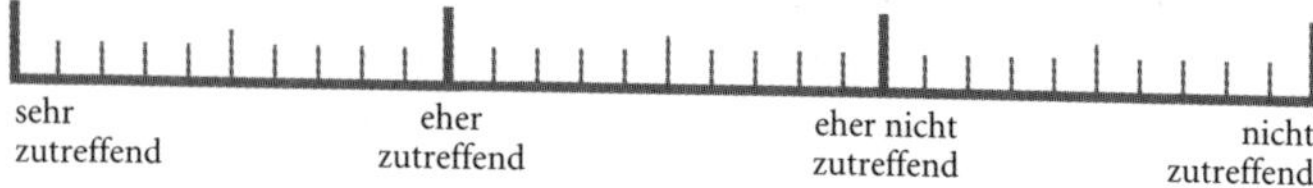

c) Ihrer Meinung nach sparen die polnischen Kollegen Zeit, wenn sie die relevanten Fakten bei dem potenziellen Kunden direkt erfragen.

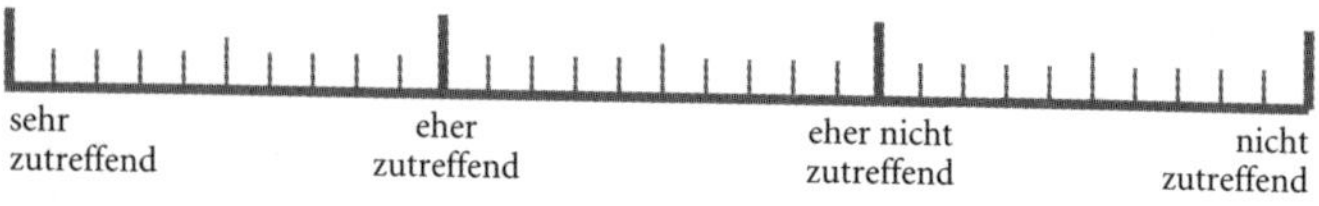

d) Polnische Kunden würden Recherchen im Vorfeld als Zeichen von Misstrauen seitens der Bank werten.

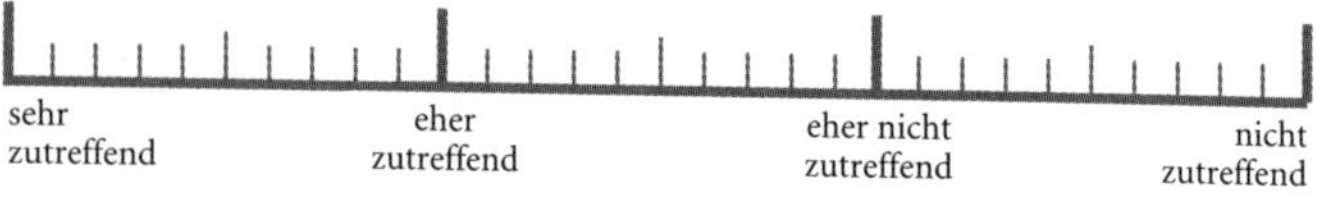

- Versuchen Sie, Ihre Einstufung jeder Antwortalternative zu begründen. Halten Sie die Begründung in schriftlicher Form stichpunktartig fest.
- Lesen Sie nun die Erläuterungen zu jeder Antwortalternative und vergleichen Sie diese mit Ihren eigenen Begründungen.

■ Bedeutungen

Erläuterung zu a):

Es ist für die polnischen Mitarbeiter ungewohnt, sich im Vorfeld abzusichern und festgelegte Konzepte zu entwickeln. Beide Seiten – sowohl die polnischen Geschäftspartner als auch die Angestellten der Bank – sind auf Improvisation eingestellt und rechnen fest damit, dass sich im Gespräch brauchbare Ansätze herauskristallisieren, an denen man weiter arbeiten kann. So zeigen sie, dass sie mit offenen Karten spielen und sich alle Möglichkeiten der Zusammenarbeit offen halten. Dies gilt als Zeichen von Ehrlichkeit und schafft eine vertrauliche Atmosphäre. Polnische Geschäftspartner wären eher irritiert, wenn die Mitarbeiter der Bank bereits fertige Konzepte präsentieren würden. Auf deutsche Kunden mag dieses Vorgehen dagegen unvorbereitet und planlos wirken, da sie konkrete Vorschläge erwarten, wie sich eine mögliche Zusammenarbeit gestalten könnte. Diese Erklärung verdeutlicht die relevanten kulturellen Unterschiede in dieser Situation am besten.

Erläuterung zu b):
Das persönliche Gespräch hat für die polnischen Mitarbeiter Vorrang vor allen anderen Arten der Kontaktaufnahme, da nur hier eine Beurteilung des Menschen, mit dem man zu tun hat, stattfinden kann. Nicht abstrakte Zahlen, sondern die Glaubwürdigkeit der Person, die hinter einem Geschäft steht, ist entscheidend. Aus polnischer Sicht erlaubt eine gute persönliche Basis im geschäftlichen Bereich eine weitaus größere Flexibilität und sichert gegenseitiges Entgegenkommen. Deutschen, die geschäftliche Kontakte in erster Linie auf sachliche und formale Aspekte beschränken, ist die Bedeutung der persönlichen Ebene nicht bewusst und diese Art der Beziehungspflege erscheint vielen als Zeitverschwendung. Dieser Aspekt spielt hier sicherlich eine Rolle, eine andere Antwort ist allerdings besser geeignet, das Entstehen der Situation zu erklären.

Erläuterung zu c):
Es wäre denkbar, dass es den polnischen Kollegen aus praktischen Gründen zu zeitaufwändig erscheint, über mehrere Stunden hinweg Informationen zu sammeln, die auch in einem einstündigen Gespräch erfasst werden können. Allerdings ist es in dieser Situation eher unwahrscheinlich, dass eine derartig sachbezogene Überlegung für das Verhalten der polnischen Mitarbeiter eine Rolle spielt. Die Gespräche mit dem Kunden dienen hauptsächlich dem Beziehungsaufbau. Man unterhält sich über allgemeine

Themen, das Wetter oder das Befinden der Familie. Das Abfragen von Daten würde das Gespräch allein auf die sachliche Ebene beschränken und die Atmosphäre stören. Es ist wichtig zu zeigen, dass man nicht allein am Gewinn, sondern auch an der Person des Kunden interessiert ist. Zudem kann nicht davon ausgegangen werden, dass von den potenziellen Kunden tatsächlich alle relevanten Informationen preisgegeben werden. Diese Erklärung ist daher nicht zutreffend.

Erläuterung zu d):
Polnische Kunden würden die Tatsache, dass bereits im Vorfeld Informationen über sie gesammelt worden sind, nicht allein unter sachlichen Aspekten betrachten. Man scheint ihnen zu unterstellen, sie hätten etwas zu verbergen. Diesen Eindruck wollen die Mitarbeiter vermeiden. Überprüfungen und Kontrollen müssen in Polen sehr vorsichtig eingesetzt werden, denn sie können als ein Zeichen von Misstrauen interpretiert werden. Diese Einstellung steht häufig im Gegensatz zur Angewohnheit vieler Deutscher, sich auf Verhandlungen und Gespräche gut vorzubereiten und möglichst viele Informationen vorab zu sammeln. Diese Antwort enthält einen wichtigen Aspekt dieser deutsch-polnischen Interaktion, erklärt aber das Verhalten der polnischen Kollegen nur teilweise.

- Beantworten Sie bitte folgende Frage: Wie würden Sie sich in einer ähnlichen Situation verhalten?

■ Lösungsstrategie

Das spontane Improvisieren in geschäftlichen Gesprächen gehört zum beruflichen Alltag in Polen. Das Verhalten seiner Mitarbeiter mag auf Herrn Jahn chaotisch wirken, er sollte jedoch zunächst herausfinden, ob tatsächlich Probleme daraus entstehen. Polnische Kunden sind ihrerseits darauf eingestellt, dass sich konkrete Vorstellungen erst in den Gesprächen ergeben. Möglicherweise bewerten sie die unverbindliche Herangehensweise der Bankmitarbeiter sogar positiv.

Im Umgang mit deutschen Kunden könnte die Improvisationsbereitschaft Schwierigkeiten verursachen, da diese klare Vorschläge zur Gestaltung der Zusammenarbeit erwarten. Treten hier Probleme auf, muss Herr Jahn deutlich darlegen, dass bei deutschen Kunden eine andere Vorgehensweise angebracht ist. Dabei sollte er nicht den Fehler begehen, belehrend auf seine Kollegen einzureden und deren bisherige Arbeitsweise zu kritisieren. Von polnischer Seite wird das schnell als Bevormundung interpretiert. Besser ist es, man verbindet die Bitte, in Zukunft Recherchen im Vorfeld zu erstellen, mit einem humorvollen Seitenhieb auf angeblich typische deutsche Eigenschaften wie Planungseifer und Ordnungsliebe, denen man in der Zusammenarbeit mit deutschen Kunden eben Rechnung tragen müsse. Zudem sollte Herr Jahn die praktischen Vorteile von Vorkalkulationen hervorheben, anstatt die Nachteile der bisherigen Arbeitsweise anzuprangern. Fehlt der Respekt vor der Eigenständigkeit und der Kompetenz der Mitarbeiter, werden Anordnungen oder Veränderungen in Polen unter Umständen einfach ignoriert.

■ Beispiel 18: Zahlungsunfähig

■ Situation

Ein Autohaus liefert mehrere Kraftfahrzeuge an einen polnischen Privatkunden, Herrn Gorczyk. Als der nach einigen Monaten die Rechnung immer noch nicht beglichen hat, bittet ihn in die Firma zu einem Gespräch, an dem auch der Vorstand, Herr Murbach, teilnimmt. Als Herr Gorczyk auf den Zahlungsrückstand angesprochen wird, gibt er sofort zu, dass er das Geld nicht habe. Herr Murbach ist erstaunt über diese Offenheit. Noch mehr überrascht ist Herr Murbach allerdings, als Herr Gorczyk die Anwesenden freundlich bittet, ihm bei der Beschaffung des Geldes behilflich zu sein. Es sei ja auch im Sinne der Firma, an das Geld zu kommen.

Wie erklären Sie sich Herrn Gorczyks Verhalten?

- Lesen Sie nun die Antwortalternativen nacheinander durch.
- Bestimmen Sie den Erklärungswert jeder Antwortalternative

für die gegebene Situation und kreuzen Sie ihn auf der darunter liegenden Skala entsprechend an. Es ist möglich, dass mehrere Antwortalternativen den gleichen Erklärungswert besitzen.

■ Deutungen

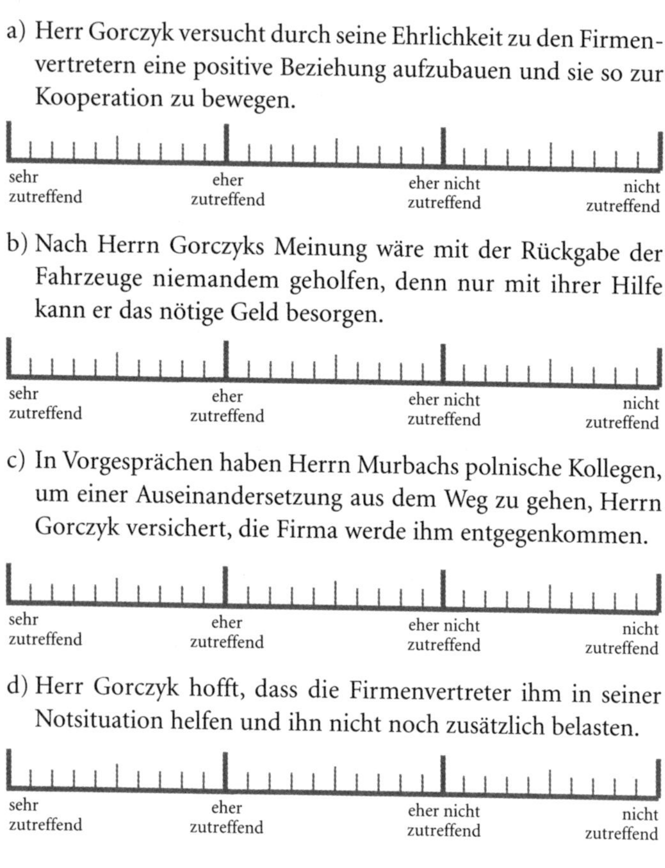

a) Herr Gorczyk versucht durch seine Ehrlichkeit zu den Firmenvertretern eine positive Beziehung aufzubauen und sie so zur Kooperation zu bewegen.

sehr zutreffend | eher zutreffend | eher nicht zutreffend | nicht zutreffend

b) Nach Herrn Gorczyks Meinung wäre mit der Rückgabe der Fahrzeuge niemandem geholfen, denn nur mit ihrer Hilfe kann er das nötige Geld besorgen.

sehr zutreffend | eher zutreffend | eher nicht zutreffend | nicht zutreffend

c) In Vorgesprächen haben Herrn Murbachs polnische Kollegen, um einer Auseinandersetzung aus dem Weg zu gehen, Herrn Gorczyk versichert, die Firma werde ihm entgegenkommen.

sehr zutreffend | eher zutreffend | eher nicht zutreffend | nicht zutreffend

d) Herr Gorczyk hofft, dass die Firmenvertreter ihm in seiner Notsituation helfen und ihn nicht noch zusätzlich belasten.

sehr zutreffend | eher zutreffend | eher nicht zutreffend | nicht zutreffend

- Versuchen Sie, Ihre Einstufung jeder Antwortalternative zu begründen. Halten Sie die Begründung in schriftlicher Form stichpunktartig fest.
- Lesen Sie nun die Erläuterungen zu jeder Antwortalternative und vergleichen Sie diese mit Ihren eigenen Begründungen.

Bedeutungen

Erläuterung zu a):
In dieser Situation ist es allerdings unwahrscheinlich, dass Herr Gorczyk versucht, Vertrauen aufzubauen, um die Situation zu seinen Gunsten zu lösen. In einem Gespräch in einer größeren Gruppe ist es kaum möglich, zu einzelnen Personen eine positive Beziehung herzustellen. Daher ist diese Antwort eher nicht zutreffend.

Erläuterung zu b):
Herr Gorczyk geht davon aus, dass es das primäre Interesse der Firma ist, an ihr Geld zu kommen. Daher hält er es auch aus Sicht der Lieferfirma für eine gute Idee, ihm die Fahrzeuge zur Beschaffung des Geldes weiter zu überlassen, anstatt strikt auf den vereinbarten Zahlungsbedingungen zu beharren. Die Fähigkeit zu Kreativität und langer Ausdauer bei der Lösung schwieriger Situationen ist Kennzeichen des polnischen Verhaltens bei Problemen. Viele ausländische Führungskräfte bezeichnen ihre polnischen Mitarbeiter auch als hervorragende Krisenmanager, die getreu dem biblischen Leitspruch »Nichts ist unmöglich« originelle Lösungen entwickeln können. Schriftlich festgelegte Vereinbarungen werden dabei flexibel gehandhabt und zur Not umgangen, wenn sie mehr Schaden als Nutzen verursachen. Um zumindest einen Teil des Gewinns zu retten erscheint es durchaus sinnvoll, vertraglich festgelegte Klauseln zu umgehen. Diese Antwort erklärt den kulturhistorischen Hintergrund am besten.

Erläuterung zu c):
Die allgemeine Tendenz zur Vermeidung von Konfliktsituationen könnte dazu geführt haben, dass der zuständige Sachbearbeiter Herrn Gorczyk im Vorfeld versichert hat, man werde schon eine Lösung finden. Er wollte ihm die unangenehme Wahrheit nicht mitteilen, da diese in dem Gespräch sowieso behandelt werden würde und es keinen Sinn mache, bereits im Vorfeld für eine ungute Stimmung zu sorgen. Herr Gorczyk ist daher überzeugt, dass sich alles noch zum Guten wendet. Aus der Situation ist allerdings nicht ersichtlich, ob es tatsächlich Gespräche im Vorfeld gegeben hat. Daher ist hier eine andere Antwort besser geeignet.

Erläuterung zu d):
In dieser Situation appelliert Herr Gorczyk mit seinem Verhalten an das Mitgefühl seiner Gesprächspartner. Es hat ihn ein großes Stück Überwindung gekostet, seine missliche Lage zuzugeben. Nun hofft er, dass ihm sein Gegenüber nicht auch noch seine restliche Würde raubt. Ein polnischer Sachbearbeiter täte sich in dieser Situation schwer, den Kunden in seiner beschämenden Lage noch weiter zu bestrafen und würde möglicherweise aus Mitleid den Zahlungstermin verschieben. Die polnische Personenorientierung steht häufig dem deutschen Sachbezug entgegen. Das bedeutet nicht, dass die Geschäftsbeziehungen in Polen nur auf persönlichen Sympathien beruhen. Aber in Konfliktsituationen, in denen die nüchterne Erfüllung einer Aufgabe eine andere Person in eine Notlage bringen würde, verhalten sich viele Polen lieber nachsichtig. Allerdings ist dieses Handlungsmotiv im beruflichen Kontext seltener wirksam als im privaten. Eine andere Antwort trifft hier eher zu.

- Beantworten Sie bitte folgende Frage: Wie würden Sie sich in einer ähnlichen Situation verhalten?

■ Lösungsstrategie

Herrn Murbachs Vorgehen in dieser Situation sollte sich danach richten, ob er dem Wunsch des Kunden entgegenkommen möchte oder nicht. In Polen kommt es häufig vor, dass aus Mitleid ein Zahlungsaufschub gewährt wird. Wirtschaftliche Überlegungen spielen dabei zwar auch eine Rolle, sind aber nicht unbedingt ausschlaggebend.

Trifft er oder die verantwortlichen Personen die Entscheidung, die Bitte des Kunden abzulehnen, würde Herr Murbach seinen polnischen Kollegen einen großen Gefallen erweisen, wenn er dies dem Kunden mitteilt. So können sie ihr Gesicht wahren, denn einer deutschen Führungskraft wird eher zugestanden, sich unnachgiebig zu zeigen. Allerdings sind die Aussichten, dass das Autohaus das geschuldete Geld vollständig erhält, gering. Eine Klage vor Gericht, wie es in Deutschland üblich wäre, hat in Polen meist wenig Aussicht auf Erfolg. Die Rechtslage ist in vielen Bereichen nicht eindeutig, so dass sich Prozesse über Jahre hinziehen können; die Entwicklung eines umfassenden Rechtssystems ist in Polen noch nicht abgeschlossen und wird durch die allgemein negative Einstellung gegenüber der öffentlichen Justiz nicht sonderlich gefördert: In einer Umfrage gaben 59 % aller befragten Polen an, Richtern zu misstrauen (Zagórski u. Roguska, 2004b). Daher sollten bereits im Vorfeld eines Vertrags folgende Punkte beachtet werden:

- Während der Vertragsverhandlung kann man versuchen abzuschätzen, ob der Kunde zahlungsfähig ist oder nicht, indem man sich nach seinen Finanzierungsplänen erkundigt. Manche polnischen Kunden überschätzen ihre finanziellen Möglichkeiten oder planen zu kurzfristig. Ein zu direktes Nachfragen wird allerdings als Misstrauen gedeutet und könnte die Beziehung belasten.
- Der Vertrag sollte eine Klausel enthalten, die bestimmt, dass mögliche Probleme über ein Schiedsgericht geregelt werden. Diese stehen außerhalb der öffentlichen Gerichtsbarkeit und werden von polnischen Geschäftspartnern eher akzeptiert. Ist der Geschäftspartner mit einer solchen Vereinbarung einverstanden, deutet das auf die Seriosität des Kunden hin.

■ Kulturelle Verankerung von »Flexibler Umgang mit Regelsystemen«

Regeln und Strukturen gelten in Polen als grobe Richtlinien, die flexibel gehandhabt werden, wenn es die situativen Bedingungen erforderlich erscheinen lassen. Pragmatische Überlegungen stehen dabei im Vordergrund. Wenn sich eine Regel oder Abmachung als nachteilig erweist, wird das weitere Vorgehen spontan der jeweiligen Situation angepasst. Flexibilität und Improvisationstalent sind kennzeichnend für die Handlungsorganisation polnischer Interaktionspartner.

Eine vorausschauende Planung zukünftiger Handlungen ist in Polen, sowohl im privaten als auch im beruflichen Bereich, weniger ausgeprägt. Die Zukunft erscheint ungewiss, daher muss man erst abwarten, wie sich alles entwickelt, um angemessen reagieren zu können. Bei der Entwicklung von Projekten legt man sich lieber nicht auf eine bestimmte Verhaltensstrategie fest, sondern behält mehrere Handlungsoptionen im Auge, um gegebenenfalls die Beste auswählen zu können. Die deutsche Gewohnheit, sich schrittweise und linear an die Lösung eines Problems heranzuarbeiten, ist für viele Polen ungewohnt und scheint der komplexen Realität nicht gerecht zu werden.

Weicht das tatsächliche Ergebnis einer Handlung von dem geplanten ab, wird dies in Polen bis zu einem bestimmten Maß akzeptiert und in gewisser Weise sogar erwartet. Nach polnischem Verständnis gibt es einen Unterschied zwischen dem, was gemacht werden *soll* und dem, was tatsächlich gemacht werden *kann*. Pläne sind zwar gut, aber nur wenige Polen teilen die Ansicht, dass sie wirklich eins zu eins umgesetzt werden können (vgl. Wojciechowski, 2002b). Großzügigkeit und Toleranz bei der Kontrolle von Arbeitszielen und bei der Überwachung von Projekten sind zudem auch kennzeichnend für einen guten und anständigen Menschen (siehe »Personenbezogene Emotionalität«).

Auch »Zeit« lässt sich in diesem Zusammenhang als ein Regelsystem auffassen, das flexibel gehandhabt wird. Daher herrscht in Polen gegenüber leichten Verspätungen eine größere Toleranz als in Deutschland. Ein Beharren deutscher Geschäftspartner auf vereinbarten Terminen wirkt auf polnische Geschäftspartner kleinkariert und deutet ihrer Meinung auf wenig Sinn für Realität hin. Pünktlichkeit bei geschäftlichen Verabredungen wird dennoch geschätzt, zeigt sie doch Achtung gegenüber Geschäftspartnern und Kollegen.

Viele Polen agieren nicht nach einem vorher festgelegten Plan, sondern handeln mehr nach dem Zwang der Zeit. Es wird das als Nächstes erledigt, was im Moment am Dringlichsten erscheint. Weniger eilige Aufgaben werden zurückgestellt und erst zu einem späteren Zeitpunkt wieder aufgenommen, wenn ihre Bearbeitung aus zeitlichen Gründen nicht mehr umgangen werden kann. Dieses Vorgehen bedeutet für polnische Mitarbeiter nicht unbedingt eine Belastung, sondern aktiviert eher ihre Fähigkeit zur Improvisation und spontaner Problemlösung. Zudem sind sie gut in der Lage, zwischen verschiedenen Aufgaben hin und her zu wechseln und so Zeitlücken effektiv zu nutzen. Allerdings besteht durch die kurzfristige Handlungsplanung die Gefahr, Konsequenzen zu übersehen, die sich langfristig ergeben könnten.

Zu den hier beschriebenen Regelsystemen zählen auch Gesetze und allgemeine Vorschriften. Ein System, in dem jeder die Chance hat, zu seinem Recht zu kommen, war in Polen lange Zeit unbekannt, da die Legislative meist in der Hand fremder Besatzungsmächte lag und zur Unterdrückung des polnischen Volkes missbraucht wurde. Daher werden auch heute noch Gesetze und Vorschriften, deren Sinn und Zweck sich nicht erschließt, nicht selten einfach ignoriert oder umgangen. Anstatt einen Rechtsstreit öffentlich auszutragen, arrangiert man sich lieber außerhalb der Gerichtssäle.

Nach polnischem Verständnis ist der flexible Umgang mit Regelsystemen ein Zeichen für Lebenstüchtigkeit und hat nichts mit Sprunghaftigkeit tun, wie es für Deutsche den Anschein haben mag. Aufgrund der über lange Zeit instabilen und unsicheren Rahmenbedingungen in Polen war diese Art von Handlungsplanung lebensnotwendig. In Polen konnte sich während der Zeit der Besetzungen niemand darauf verlassen, dass sich die nichtpolnischen Fremdherrscher ausreichend um die Versorgung des Volkes kümmern würde. Nur wer in der Lage war, die Gunst der Stunde schnell zu erkennen und flexibel jede Chance zu nutzen, die sich ihm bot, konnte den Unterhalt für sich und seine Familie sichern. Eine Planung der Zukunft über einen längeren Zeitraum hinweg war schlichtweg unmöglich, da niemand wusste, was der nächste Tag bringen würde. Prinzipientreue und das Festhalten an vorgegebenen Strukturen, wie es häufig bei Deutschen der Fall ist, erscheint daher aus polnischer Sicht unpraktisch und wenig nützlich.

■ Themenbereich 5: Status und Etikette

■ Beispiel 19: Die Firmenwagen

■ Situation

Herr Gründler ist Vorstandsmitglied einer deutsch-polnischen Maschinenbaufirma in Posen. In einer Vorstandssitzung wird beschlossen, die Ausgaben für Firmenwagen zu senken. Bereits nach kurzer Zeit einigen sich alle Anwesenden darauf, dass den Mitarbeitern der unteren Managementebene von nun an nur noch Fahrzeuge einer niedrigeren Klasse finanziert werden. Als die Firmenwagen des oberen Managements zur Diskussion kommen, stimmen alle polnischen Vorstandsmitglieder dafür, zukünftig noch luxuriösere Fahrzeuge anzuschaffen. Da sie in der Mehrheit sind, setzt sich der Beschluss auch durch. Herr Gründler ist verärgert, da so die notwendigen Einsparungen nicht zustande kommen können.

Wie erklären Sie sich die Entscheidung der polnischen Vorstandsmitglieder?

- Lesen Sie nun die Antwortalternativen nacheinander durch.
- Bestimmen Sie den Erklärungswert jeder Antwortalternative für die gegebene Situation und kreuzen Sie ihn auf der darunter liegenden Skala entsprechend an. Es ist möglich, dass mehrere Antwortalternativen den gleichen Erklärungswert besitzen.

Deutungen

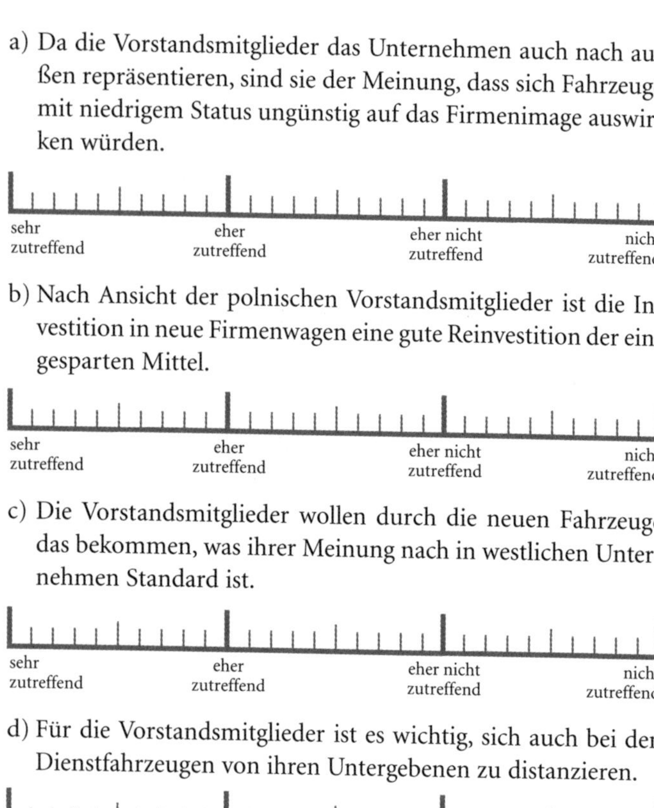

a) Da die Vorstandsmitglieder das Unternehmen auch nach außen repräsentieren, sind sie der Meinung, dass sich Fahrzeuge mit niedrigem Status ungünstig auf das Firmenimage auswirken würden.

sehr zutreffend | eher zutreffend | eher nicht zutreffend | nicht zutreffend

b) Nach Ansicht der polnischen Vorstandsmitglieder ist die Investition in neue Firmenwagen eine gute Reinvestition der eingesparten Mittel.

sehr zutreffend | eher zutreffend | eher nicht zutreffend | nicht zutreffend

c) Die Vorstandsmitglieder wollen durch die neuen Fahrzeuge das bekommen, was ihrer Meinung nach in westlichen Unternehmen Standard ist.

sehr zutreffend | eher zutreffend | eher nicht zutreffend | nicht zutreffend

d) Für die Vorstandsmitglieder ist es wichtig, sich auch bei den Dienstfahrzeugen von ihren Untergebenen zu distanzieren.

sehr zutreffend | eher zutreffend | eher nicht zutreffend | nicht zutreffend

- Versuchen Sie, Ihre Einstufung jeder Antwortalternative zu begründen. Halten Sie die Begründung in schriftlicher Form stichpunktartig fest.
- Lesen Sie nun die Erläuterungen zu jeder Antwortalternative und vergleichen Sie diese mit Ihren eigenen Begründungen.

■ Bedeutungen

Erläuterung zu a):
Es könnte sein, dass die polnischen Vorstandsmitglieder darauf bedacht sind, nach außen hin der Firma ein erfolgreiches Image zu verschaffen. Bei Geschäftspartnern und Kunden könnte der Eindruck entstehen, dass eine Firma, die sich Fahrzeuge höherer Klasse leisten kann, auch auf dem Markt eine überragende Rolle spielen muss. Das erklärt allerdings nicht, warum sich die Vorstandsmitglieder zuvor entschieden haben, für die Vertreter des unteren Managements billigere Fahrzeuge anzuschaffen. Schließlich ergibt es auch kein gutes Bild, wenn die Mitarbeiter der unteren Ebene mit wenig luxuriösen Fahrzeugen unterwegs sind. Zwar spielt die Bedeutung von Statussymbolen in dieser Situation eine Rolle, die Pflege des Firmenimages ist dabei aber nicht ausschlaggebend. Daher ist eine andere Erklärung besser geeignet.

Erläuterung zu b):
Da aktuell keine größeren Investitionen anstehen, scheint der Kauf der höherwertigen Autos aus Sicht der Vorstandsmitglieder eine gute Anlage zu sein. Sie übersehen dabei, dass es auf Dauer sinnvoller wäre, das eingesparte Geld langfristig anzulegen. Die unsichere politische Lage über Jahrzehnte hinweg führte dazu, dass viele Polen zu kurzfristigen Planungen neigen. In Krisensituationen wirkt sich diese Fähigkeit häufig positiv aus: Es werden schnell Lösungen gefunden und sofort umgesetzt. Bei langfristigen Planungen im Finanzsektor führt dies allerdings manchmal zu nachteiligen Entscheidungen, da die längerfristigen Konsequenzen nicht mit einbezogen werden. Allerdings ist es aufgrund der meist guten Qualifizierung polnischer Fach- und Führungskräfte eher unwahrscheinlich, dass sie hier betriebswirtschaftliche Grundsätze völlig außer Acht lassen. Eine andere Antwort ist daher besser geeignet.

Erläuterung zu c):
Wie auch in vielen anderen Ländern des ehemaligen Ostblocks waren in Polen während der Zeit des Kommunismus die westli-

chen Staaten Sinnbilder für Reichtum und Wohlstand. Nach der Öffnung der Grenzen haben viele bald die Erfahrung gemacht, dass dieses Bild nicht der Realität entspricht und man auch im Westen mit Problemen wie Arbeitslosigkeit und Staatsverschuldung zu kämpfen hat. Die anfänglich überzogenen Vorstellungen über den westlichen Wohlstand haben sich inzwischen relativiert. Zudem hat Polen in den letzten Jahren vieles aufgeholt, so dass in vielen Bereichen bereits ein Niveau wie in westlichen Ländern zu finden ist. Diese Antwort ist hier eher nicht zutreffend.

Erläuterung zu d):
Die polnischen Vorstandsmitglieder sehen es als selbstverständlich an, dass ihnen in ihrer Position auch entsprechende Fahrzeuge zustehen. Personen in einer höheren Stellung neigen in Polen zu repräsentativen Ausgaben; dies können luxuriöse Autos oder auch ein üppiges Geschäftsessen im besten Restaurant der Stadt sein. Einfachheit und Anspruchslosigkeit steht dem einfachen Manne zu, aber nicht Personen, die eine gehobene Position bekleiden. Dieses Verhalten ist ein Teil des feudalen Denkens, das seit der Adelsrepublik in Teilen der polnischen Alltagskultur präsent ist. Diese Antwort erklärt den kulturhistorischen Hintergrund dieser Situation am besten.

- Beantworten Sie bitte folgende Frage: Wie würden Sie sich in einer ähnlichen Situation verhalten?

■ Lösungsstrategie

In Polen wird gern in Repräsentatives investiert. Sparsam zu sein gilt als geizig oder kleinlich und wird in der polnischen Gesellschaft eher abgelehnt.

Gerade Herr Gründler, der als deutsche Führungskraft finanziell um einiges besser gestellt ist als seine polnischen Kollegen, würde unglaubwürdig wirken, wenn er die repräsentativen Ausgaben kritisieren würde. Schließlich leistet er sich vermutlich ebenfalls einen hohen Lebensstandard. Daher müsste er zunächst mit gutem Beispiel vorangehen und seine eigenen Ansprüche senken, zum Beispiel indem er sich selbst einen schlichten Wagen anschafft. Dazu sind aber viele deutsche Führungskräfte nicht bereit; in diesem Fall tut Herr Gründler gut daran, die höheren Ausgaben einfach zu akzeptieren.

Beispiel 20: Der Grillabend

Situation

Herr Westermann arbeitet seit kurzem als Projektmanager bei einer deutschen Marktkette in Krakau. Um sich mit seinen neuen polnischen Kollegen besser bekannt zu machen, lädt er sie und ihre Ehepartner zu einem gemeinsamen Abendessen zu sich nach Hause ein. Als seine Gäste eintreffen, ist Herr Westermann erschrocken: Alle haben eine sehr elegante Abendgarderobe gewählt; die Herren tragen sogar Anzug. Herr Westermann dagegen hat sich auf einen gemütlichen Grillabend eingestellt. Dementsprechend ist er leger in Jeans und Pullover gekleidet.

Wie erklären Sie sich das Entstehen dieser Situation?

- Lesen Sie nun die Antwortalternativen nacheinander durch.
- Bestimmen Sie den Erklärungswert jeder Antwortalternative für die gegebene Situation und kreuzen Sie ihn auf der darunter liegenden Skala entsprechend an. Es ist möglich, dass mehrere Antwortalternativen den gleichen Erklärungswert besitzen.

Deutungen

a) Die polnischen Kollegen möchten sich dem finanziell besser gestellten Deutschen ebenbürtig zeigen und haben daher diesen Kleidungsstil gewählt.

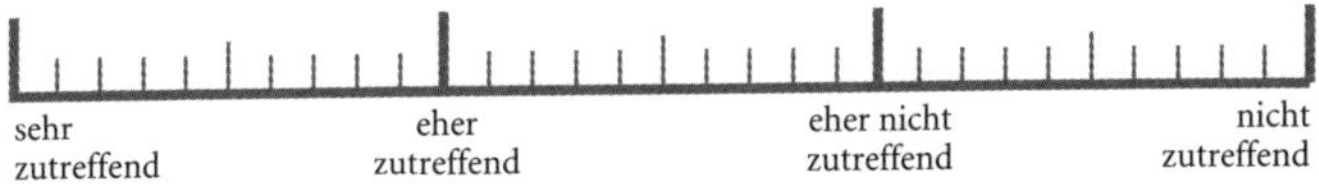

b) Die Kollegen haben Herrn Westermanns Hinweise, dass es sich bei dem Abendessen nur um ein gemütliches Beisammensein handelt, nicht ernst genommen.

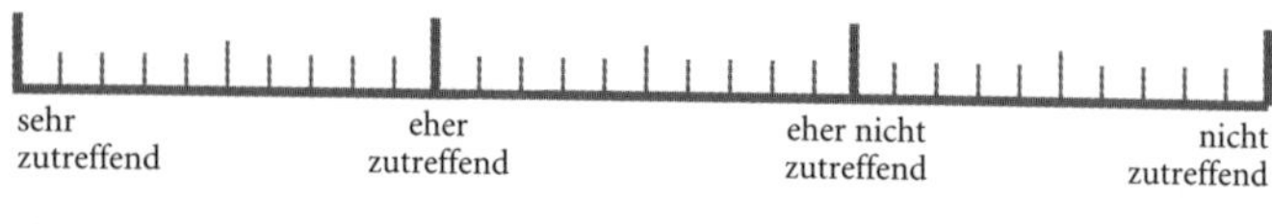

c) In Polen ist es allgemein üblich, sich bei gesellschaftlichen Ereignissen elegant zu kleiden.

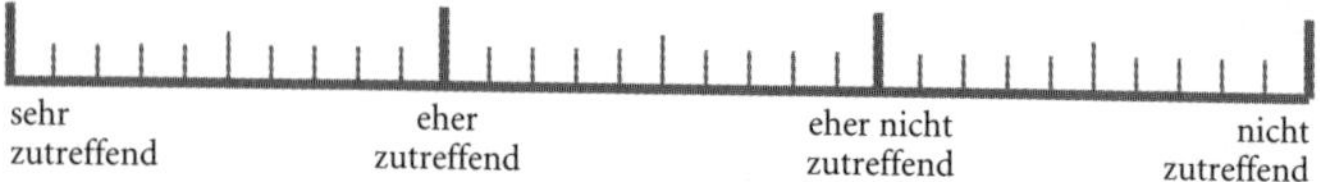

d) Da die Kollegen Herrn Westermann nur über die Firma kennen, rechneten sie mit einem formellen Abendessen. Informelle Grillabende finden normalerweise nur mit guten Freunden und der Familie statt.

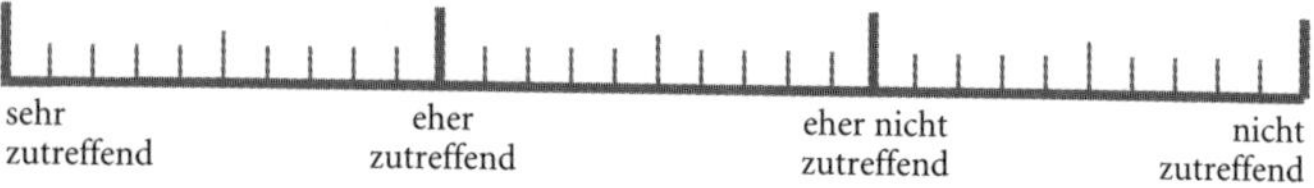

- Versuchen Sie, Ihre Einstufung jeder Antwortalternative zu begründen. Halten Sie die Begründung in schriftlicher Form stichpunktartig fest.
- Lesen Sie nun die Erläuterungen zu jeder Antwortalternative und vergleichen Sie diese mit Ihren eigenen Begründungen.

■ Bedeutungen

Erläuterung zu a):
Es ist möglich, dass sich Herrn Westermanns Kollegen als gleichgestellte Partner präsentieren wollten und daher diesen Kleidungsstil gewählt haben. Aufgrund der jahrelangen wirtschaftlichen Dominanz des Westens hat sich bei vielen Polen das Gefühl entwickelt, den Vertretern aus westlichen Ländern unterlegen zu sein. Seit 1989 wurde jedoch vieles aufgeholt. Dies stellt eine bewundernswerte Leistung dar und viele Polen sind zu Recht stolz darauf, auch wenn sie es selten offen zur Sprache bringen. Der Wunsch, sich dem deutschen Kollegen ebenbürtig zu zeigen, mag eine Rolle gespielt haben, ist hier aber nicht allein ausschlaggebend.

Erläuterung zu b):

Die polnischen Kollegen rechnen möglicherweise damit, dass Herr Westermann eine festliche Feier plant, auch wenn er bei seiner Einladung darauf hinweist, es handle sich nur um einen Grillabend. Kaum jemand würde eine Einladung mit dem Hinweis verbinden, dass es sich bei einem Abendessen zu Hause um eine besondere Angelegenheit handelt. Es macht aber für die polnischen Gäste bezüglich der Kleiderwahl kaum einen Unterschied, ob es sich nun bei der Einladung nun um ein formelles Abendessen oder eher um einen informellen Grillabend handelt. Während man sich in Deutschland häufig mit der Frage auseinander setzt, ob man für einen bestimmten Anlass nun »over-« oder »underdressed« ist, gibt es in Polen eine allgemeine Richtlinie, wie man sich bei Einladungen zu kleiden hat. Diese wird in einer anderen Antwortalternative erklärt.

Erläuterung zu c):

Eine erste Einladung von Herrn Westermann ist für die polnischen Kollegen ein gesellschaftliches Ereignis, das durch die entsprechende Wahl der Kleidung gewürdigt wird. Dabei ist die polnische Gesellschaft ist traditioneller geprägt als die deutsche. Es ist üblich, sich bei Einladungen formell zu kleiden. Gerade für die polnischen Frauen stellt der Abend auch eine Gelegenheit dar, sich gut gekleidet und elegant zu präsentieren. Dieses Verhalten entstammt aus der Zeit der Adelsrepublik, in der eine gehobene Garderobe Zeichen einer hohen gesellschaftlichen Stellung war. Zusätzlich drücken die polnischen Kollegen durch ihre Kleiderwahl auch ihre Wertschätzung gegenüber ihrem Gastgeber aus. Eine legere Kleidung wäre in dieser Situation für viele Polen undenkbar und äußerst unhöflich. Diese Antwort erklärt den kulturhistorischen Hintergrund am besten.

Erläuterung zu d):

Unter polnischen Mitarbeitern ist es üblich, befreundete Kollegen und ihre Familien zu informellen Treffen nach Hause einzuladen; von ausländischen Kollegen ist man das eher nicht gewohnt. Die polnischen Kollegen dürften von Herrn Westermanns Einladung angenehm überrascht gewesen sein, sind sich aber möglicherweise unsicher, wie ihr deutscher Kollege sich den

Abend vorgestellt hat. Daher rechnen sie vorsichtshalber mit einem formellen Ablauf. Dies dürfte allerdings die Wahl der Garderobe in Polen weniger beeinflussen. Die polnischen Gäste hätten sich auch bei einer Einladung von Freunden gut gekleidet, wenn auch nicht in Abendgarderobe. Daher ist eine andere Antwort besser geeignet.

– Beantworten Sie bitte folgende Frage: Wie würden Sie sich in einer ähnlichen Situation verhalten?

Lösungsstrategie

Der Kleiderkodex in Polen schreibt für offizielle Einladungen eine elegante Garderobe vor. Aber auch eher gewöhnliche Ereignisse wie ein Kino- oder Restaurantbesuch werden zum Anlass genommen, sich besonders gut zu kleiden. Deutsche neigen eher zu legerer Kleidung und geraten daher leicht in eine Lage wie Herr Westermann, in denen sie als nicht passend angezogen erscheinen. Herr Westermann kann in dieser Situation versuchen, sein Äußeres durch ein besonders zuvorkommendes Verhalten zu kompensieren. Das erleichtert den anderen Anwesenden, über die äußere Erscheinung hinwegzusehen.

Die förmliche Kleidung der polnischen Gäste in dieser Situation bedeutet allerdings nicht, dass sie auch einen formellen Ablauf des Abends erwarten. Im Gegenteil: Bei gemeinsamen Treffen sitzt man gern gemütlich und in lockerer Atmosphäre beisammen, unterhält sich angeregt und tauscht Neuigkeiten und Anekdoten aus. Gutes Essen und Trinken spielen dabei eine zentrale Rolle, denn Genuss macht aus polnischer Sicht neben angenehmen Gesprächen eine gelungene Feier aus. Ist dagegen die Stimmung sehr formell und steif, werden sich die meisten polnischen Gäste bald nach Hause verabschieden. Ist man selbst eingeladen, sollten neben der Kleiderwahl folgende Punkte beachtet werden:

– Blumen sind das klassische Geschenk für die Frau des Hauses und praktisch Pflicht; darüber hinaus werden kleine Präsente gern angenommen. Je origineller sie ausfallen, desto mehr Eindruck machen sie.

- Pünktlichkeit wird nicht vorausgesetzt, wirkt aber höflich. Dabei gilt: Lieber zu früh als zu spät. Die Gastgeber haben sicherlich viel Zeit und Mühe in die Zubereitung des Essens investiert und es wäre schade, wenn die Speisen nicht zur richtigen Zeit serviert werden können.
- Gern werden Trinksprüche auf den Gastgeber ausgesprochen. Einen angebotenen Wodka sollte man nicht ablehnen; dies gilt als unhöflich. Es wird aber akzeptiert, wenn man langsam und in kleinen Schlucken trinkt. Hier gilt: Dabei sein ist alles. Gemeinsames Trinken fördert den Gemeinschaftssinn und öffnet nach polnischem Verständnis die Herzen.

Viel Zeit und ein großer Appetit sind die Voraussetzungen, die man auf eine Feier mitbringen sollte. Die großzügige Gastfreundschaft in Polen ist nicht einfach eine Redensart, sondern gelebte Tradition und wird von vielen Ausländern in Polen sehr geschätzt. Dabei sollte man nicht vergessen, dem Gastgeber auch eine Gegeneinladung auszusprechen.

■ Kulturelle Verankerung von »Status und Etikette«

Die Wirksamkeit des Kulturstandards »Status und Etikette« zeigt sich in der Bedeutung von Umgangsformen und Verhaltensweisen, die traditionell einer höheren gesellschaftlichen Stellung zugeordnet werden. Diese werden von allen Schichten der Bevölkerung als gesellschaftliches Ideal betrachtet und legen normative Regeln für den allgemeinen Umgang untereinander fest. Die Entstehung und Aufrechterhaltung dieser Regeln stehen in engem Zusammenhang mit der ausgeprägten Vergangenheitsorientierung in Polen.

Das »edle« Verhalten als gesellschaftliches Ideal beinhaltet unter anderem einen respektvollen Umgang miteinander. Ein Mensch mit wahrer Größe drängt sich nicht nach vorn oder präsentiert sich als etwas Besonderes, sondern bleibt dezent im Hintergrund und lässt anderen den Vortritt. Eine Besonderheit in Polen stellt die Form der Anrede dar: War es früher den Adeligen vorbehalten, sich gegenseitig mit »Herr« (»pan«) oder »Frau« (»pani«) anzusprechen, ist dies heute die gängige Anrede für jedermann. Da ein

Adeliger meist auch Ämter innehatte, wurde er selbstverständlich auch mit Titel angesprochen. Dies ist bis heute üblich. Verzichtet man als Deutscher darauf, mit Titel angesprochen zu werden, würde dies bei Polen auf wenig Verständnis treffen. Nur Bauern und andere gesellschaftlich niedrig gestellte Personen konnte man zu früheren Zeiten mit nichts anderem als ihren Nachnamen anreden. Die Ansprache Herr/Frau (»pan/pani«) plus Nachname, wie man es in Deutschland gewohnt ist, gilt in Polen bis heute als entwürdigend und herabsetzend. Personen auf gleicher Hierarchieebene reden sich entweder nur mit »pan/pani« oder mit »pan/pani« plus Vornamen an. Bei Freunden und Bekannten verwendet man grundsätzlich »pan/pani« plus Vorname als Anrede.

Frauen begegnet man in Polen mit ausgesprochener Höflichkeit, indem man ihnen zum Beispiel die Tür aufhält oder schwere Taschen für sie trägt; auch der Handkuss ist mitunter noch üblich. Bringt man am »Tag der Frau« (8. März) weiblichen Kolleginnen oder der Sekretärin Blumen mit, wird dies sehr geschätzt. Auch ältere Menschen werden besonders geachtet und respektiert; so bietet man in Bus oder Bahn selbstverständlich seinen Platz an oder bittet sie in Gesprächen als Erste um ihre Meinung. Zwar sind diese traditionellen Verhaltensweisen seit einigen Jahren im Rückgang begriffen, machen aber einen positiven Eindruck und zeichnen eine Person mit guter Erziehung aus.

Neben der Etikette sind auch die Großzügigkeit gegenüber Gästen und die opulente Bewirtung von Besuchern auf überlieferte Traditionen zurückzuführen. Diese haben ihren Ursprung in der Adelsrepublik (»Rzeczpospolita szlachecka«, 1505–1795), im »goldenen Zeitalter« der polnischen Geschichte. Als nach der dritten Teilung Polens 1795 der rechtliche Status des polnischen Adels (»szlachta«) von den Teilungsmächten aufgehoben wurde, empfand man dies gleichsam als Angriff auf die gesamte polnische Bevölkerung. Daher übertrugen sich die Traditionen und Ideale des Adels auf alle Bereiche der Gesellschaft und wurden dort gepflegt, um während der Unterdrückung durch die russischen, preußischen und österreichischen Fremdherrscher das Bewusstsein für die einstige Stärke des polnischen Staates aufrecht zu erhalten. Auch die Betonung von Brüderlichkeit und Gleichheit während des Kommunismus konnte das feudale Denken aus der polnischen Kultur nicht entfernen. Man setzte es vielmehr bewusst dem »bäuerlichen« Gehabe der Parteitreuen entgegen. Adelige Traditionen werden bis heute als »Ethos des Adels« (»kultura szlachecka«) gepflegt und gelten als Ausdruck polnischen Selbstverständnisses.

Eine weitere Überlieferung aus der Zeit der polnischen Adelsrepublik ist die Bedeutung von Statussymbolen. Der damals politisch bedeutende Kleinadel unterschied sich in seinen finanziellen Möglichkeiten her häufig kaum von einem reichen Großbauern; daher legte man besonderen Wert auf repräsentative Ausgaben, die nur den Angehörigen der Adelsschicht zustanden. Heute zeigt sich dies im allgemeinen Konsumverhalten: Billigmärkte oder Sonderangebote empfinden viele Polen als unwürdig und man wählt lieber die teurere und hochwertigere Ware, auch wenn dies finanziell eine Belastung darstellt. Je höher dabei die gesellschaftliche Stellung ist, umso eher drückt man dies auch durch äußere Zeichen aus, zum Beispiel mit einem teuren Automobil und durch elegante Kleidung. Sparsamkeit und Schnäppchenjagd, wie es viele Deutsche pflegen, wird in Polen eher negativ gesehen und sind kennzeichnend für sozial niedrigere Schichten. Insbesondere für Kinder wird viel Geld ausgegeben, denn sie haben in der polnischen Gesellschaft einen hohen Stellenwert. Am »Tag des Kindes« (1. Juni) oder an ihrem Namenstag werden sie reich beschenkt; Geburtstage spielen dagegen eine geringere Rolle als in Deutschland.

Besonders seit der Zeit der Teilungen Polens zwischen 1772 und 1795 ist die polnische Kultur durch eine ausgeprägte Vergangenheitsorientierung gekennzeichnet. Nur so konnte die polnische Nation während der langen Zeit der politischen Nichtexistenz das Zusammengehörigkeitsgefühl des Volkes bewahren und stärken. Neben der Pflege der adeligen Traditionen spielen auch Mythen und Heldenverehrung eine bedeutende Rolle. Die meisten Polen verfügen über ein umfangreiches historisches Wissen und interpretieren auch aktuelle Tagesgeschehnisse auf dem Hintergrund geschichtlicher Ereignisse. Die Vergangenheit zu vergessen wäre gleichbedeutend mit dem Verleugnen der eigenen Wurzeln und einer Missachtung der Opfer, die viele Polen zum Erhalt der eigenen Nation gebracht haben. Im Gegensatz dazu sind Deutsche in ihrem Denken und Handeln eher zukunftsorientiert.

Die Kulturstandards im Überblick

Personenbezogene Emotionalität

- handlungssteuernde Wirkung von Emotionen und Emotionalität
- Achtung der eigenen Individualität und der Individualität anderer
- Widerstand bei Missachtung von Individualität und Würde
- Verquickung von Person und Sache
- Vermeidung von Kritik
- indirekte, subtile Kommunikation
- Bedeutung außerkommunikativer Faktoren (Gestik, Mimik, Tonfall, situative Bedingungen etc.)
- Nationalbewusstsein

Soziale Beziehungen

- Bedeutung persönlicher Beziehungen und zwischenmenschlichen Vertrauens
- Aufbau eines persönlichen Netzwerkes
- Familienorientierung
- Gastfreundschaft
- Hilfsbereitschaft

Hierarchieorientierung

- Akzeptanz gegebener Hierarchiestrukturen
- Distanz zu Autoritäten

- Achtung von Kompetenzverteilungen (u. a. Gehorsam gegenüber Vorgesetzten, Verantwortungsübernahme durch Vorgesetzte)

■ Flexibler Umgang mit Regelsystemen

- Pragmatik
- Kreativität und Improvisation
- nicht-lineares Problemlösen
- polychrones Zeitverständnis

■ Status und Etikette

- Vergangenheitsorientierung
- Traditionspflege und edles/adeliges Verhalten
- Bedeutung von Statussymbolen

Abschließende Bemerkungen

Zum Ende des Trainings sollen noch zwei Aspekte näher ausgeführt werden, die in einer deutsch-polnische Begegnung bedeutsam werden können, in den vorhergehenden Kapiteln aber nur kurz erwähnt wurden. Dies ist zum einen der Einfluss der katholischen Kirche in Polen, die in diesem Land im Vergleich zu anderen europäischen Staaten eine Sonderstellung einnimmt. Zum anderen soll die große Bedeutung der Vergangenheitsorientierung in Polen näher erläutert werden, insbesondere mit Bezug auf die gemeinsame deutsch-polnische Geschichte, denn viele aktuelle politische Ereignisse müssen auch unter diesem Gesichtspunkt analysiert und verstanden werden, um Missverständnisse vorzubeugen. Zu diesen Punkten wurden keine weiteren Fallbeispiele in das Training aufgenommen, da sie auch in den folgenden Erklärungen gut veranschaulicht werden können.

Kirche und Glaube in Polen

Als polnische Arbeiter 1981 vor der geschlossenen Danziger Werft streikten, hefteten sie an das Tor ein Bild des damaligen Papstes Johannes Paul II: Diese Szene ging als Pressefoto um die Welt. Viele der in den Jahren 1979 bis 1989 veranstalteten Streiks und Demonstrationen fanden im Anschluss an Gottesdienste statt und die polnische Amtskirche wurde zusammen mit dem damaligen Papst zum wichtigsten Unterstützer der demokratisch ausgerichteten Oppositionsbewegung. Woher kommt diese besondere Verbindung zwischen der katholischen Kirche, Gesellschaft und Politik? Die Zahlen sprechen für sich: Mit circa 90 % stellen die Katholiken die überragende Mehrheit innerhalb der polnischen Gesellschaft. Mit dieser Quote nimmt Polen innerhalb Europas eine Sonderstellung ein und ist dabei nur mit Irland oder Malta vergleichbar. Einige Teile der polnischen Bevölkerung – besonders in ländlichen Gebieten – sind von dem Einfluss der katholischen Kirche stärker geprägt als andere.

Geschichte der katholischen Kirche in Polen: Die Sonderstellung der katholischen Kirche ist historisch begründet. Seit der Taufe des ersten Herzogs Mieszko I. im Jahre 966 – dies gilt heute als das Gründungsjahr Polens – verstanden sich die polnischen Katholiken als Verteidiger der westlichen Kirche gegenüber der byzantinischen Ostkirche und dem Islam. Aber auch nach dem Westen hin musste sich Polen nach der Reformation gegen das protestantische Schweden und später gegen das aufstrebende protestantische Preußen zur Wehr setzten. Die »Frontstellung« des polnischen Katholizismus und sein Abwehrkampf gegen andere Religionsformen führten dazu, dass Aspekte der religiösen, politischen und kulturellen Identität Polens schon früh miteinander verschmolzen (Casanova, 2003) – eine Tendenz, die sich auch heute noch in der polnischen Gesellschaft widerspiegelt: In einer Umfrage des Public Opinion Research Center (Zagórski u. Roguska, 2005) wurde aus den Antworten auf die Frage, was einen polnischen Bürger charakterisiere, eine Rangliste erstellt, an der sich an sechster Stelle die Zugehörigkeit zum katholischen Glauben findet. Auch Polen, die sich selbst als wenig religiös einschätzen, reagieren empfindlich auf Kritik oder scherzhafte Bemerkungen über Religion und Glauben, da sie sich dadurch auch in ihrem nationalen Zugehörigkeitsgefühl angegriffen fühlen. Die Begeisterung für den polnischen Papst Karol Wojtyła, die auf manche Deutsche übersteigert wirkte, ist verbunden mit dem Stolz auf die eigene Nation, die eigene Geschichte und die eigene Identität.

Die religiöse Homogenität in Polen ist jedoch keine von der polnischen Seite herbeigeführte Gesellschaftsstruktur. Im Gegenteil, während im übrigen Europa Religionskriege tobten und in anderen Staaten andersgläubige Minderheiten unterdrückt wurden, verabschiedete das polnische Parlament 1573 das Allgemeine Toleranzedikt, dass die Garantie des Verzichts auf Gewalt und

Zwang in Religionsfragen mit einschloss. So entwickelte sich das Polen der frühen Neuzeit zu einer Zufluchtsstätte für Anhänger verfolgter Glaubensrichtungen aus ganz Europa, die der allgegenwärtigen Bedrohung zu entrinnen suchten. Die heutige religiöse Homogenität der polnischen Bevölkerung ist in großem Maße auf die gezielte Vernichtung ausgewählter Gruppen während des Dritten Reichs zurückzuführen; Filme wie Steven Spielbergs »Schindlers Liste« oder »Der Pianist« von Roman Polański zeichnen die Zustände in den polnischen Ghettos und Arbeitslagern während der Besatzungszeit ergreifend nach. Lange Zeit beherbergte Polen die weltweit größte jüdische Gemeinde, von deren drei Millionen Mitgliedern gerade einmal etwa 250.000 den Holocaust überlebten; viele davon wanderten in den sechziger Jahren aufgrund einer antisemitischen Kampagne des kommunistischen Regimes nach Israel oder Amerika aus.

Kirche und Polen heute: Voll besetzte Kirchen und die Einhaltung religiöser Traditionen erscheinen manchem Ausländer unvereinbar mit einem fortschrittlichen, modernen Staat. Allerdings ist es fraglich, ob Modernisierung tatsächlich mit einer Säkularisierung der Gesellschaft – wie es vornehmlich in westeuropäischen Ländern geschehen ist – einhergehen muss. Religiosität und Liberalismus stehen sich in Polen nicht zwangsläufig im Weg: Wo sich in Deutschland heftiger Widerstand gegen sonntägliche Ladenöffnungszeiten regt, kann man hier in größeren Geschäften Einkäufe auch am »Tag des Herrn« tätigen.

Andere Begebenheiten verdeutlichen allerdings, dass der Einfluss der katholischen Kirche in Polen immer noch über die übliche Seelsorge hinausgeht und in vielfältigen Bereichen die Gesellschaft beeinflusst. Bei der Abstimmung über den EU-Beitritt Polens waren trotz gegenteiliger Prognosen sowohl Wahlbeteiligung als auch die Zustimmung zum Beitritt unerwartet hoch, was manche Polen und auch ausländische Beobachter nicht zuletzt auf die Wirkung der wenige Wochen zuvor ausgestrahlten Rede von Johannes Paul II. zurückführten, in der er den Anschluss an die Europäische Gemeinschaft explizit befürwortete. Auch die in Polen weit verbreitete kritische Einstellung zum Schwangerschaftsabbruch oder zu gleichgeschlechtlichen Beziehungen sind auf dem traditionellen katholischen Hintergrund zu verstehen.

Insgesamt hat sich aber die polnische Kirche in den letzten Jahren aus den politischen Prozessen zurückgezogen, abgesehen von einigen prominenten Einzelpersonen wie dem Redemptoristenpater Tadeusz Rydzyk, der den nationalkonservativen Sender »Radio Maryja« leitet. Die Kirche in Polen kämpft jetzt mit ähnlichen Problemen wie in anderen Ländern Europas, so zum Beispiel mit dem Rückgang der Gottesdienstbesucher, einer Überalterung der Kirchengemeinden sowie der Kluft zwischen konservativen und fortschrittlich gesinnten Gruppen. Die polnische Journalistin Halina Bortnowska bezeichnete in einem Gespräch angesichts der aktuellen Schwierigkeiten die Kirche als ein »Nilpferd mit Flügeln«: ein wenig träge und unbeweglich, und seine Flügel sehe man leider auch viel zu selten. Unabhängig von den Problemen innerhalb der Institution »Kirche« schätzen sich aber die polnischen Befragten laut der Europäischen Wertestudie überwiegend als religiös ein und belegen damit laut der Europäischen Wertestudie von 32 Ländern den ersten Platz (Halmann, 2003). Deutsche Fach- und Führungskräfte müssen sich dieser großen Bedeutung von Glauben und Religion in Polen bewusst sein, auch wenn sie im beruflichen Alltag selten offen zu Tage tritt. Eine scherzhafte Bemerkung oder gar ein abwertender Kommentar über Frömmigkeit, Kirche oder den ehemaligen Papst Johannes Paul II. kann heftige Reaktionen auf der Gegenseite auslösen.

Auch wenn man sich als ausländischer Besucher nur wenig mit der Religiosität in Polen identifizieren kann, üben die Traditionen und Rituale, die mit dem katholischen Glauben verbunden sind, einen besonderen Reiz aus. Die tausendjährige Geschichte der katholischen Religion spiegelt sich in zahlreichen sakralen Bauten wider – in prächtigen Kirchen, Klöstern und Pilgerstätten wie dem Marienwallfahrtsort Tschenstochau –, deren Besichtigung auch aus kulturhistorischer Sicht empfehlungswert ist. Besonders die Feierlichkeiten während der Osterzeit, den höchsten Festtagen des Kirchenjahres, sind beeindruckend: die Umzüge zu Palmsonntag mit den aufwändig hergestellten »Palmen«, die Passionsspiele und die geschmückten Christusgräber in den Kirchen. Nur am Ostermontag sollte man lieber zu Hause bleiben oder einen Regenschirm mitnehmen ...

Vergangenheitsorientierung in Polen und die aktuellen deutsch-polnischen Beziehungen

Polens Historie ist nie vorbei, ist nie Vergangenheit. In Polen lebt Geschichte, wird lebendig gehalten durch Erzählungen, Mythen und durch die aktive Miteinbeziehung in das gegenwärtige Geschehen. Vielen Deutschen fällt schnell das ausgeprägte historische Wissen ihrer polnischen Bekannten auf. Eine komplette Aufzählung aller bedeutenden Ereignisse seit der Gründung der polnischen Nation soll hier nicht vorgenommen werden; sie findet sich ausführlich und gut erklärt in anderen Publikationen (vgl. Bingen, 1999; Davies 2002). Gerade aber in deutsch-polnischen Begegnungen kommen historische Begebenheiten zum Tragen, die der deutschen Seite nur selten bewusst werden, für die polnische aber unter Umständen eine entscheidende Bedeutung haben.

Deutschland und Polen – eine kurze Historie: Beherrschend sind natürlich die Erfahrungen während des Überfalls durch die deutsche Wehrmacht 1939 und die anschließende Unterdrückung und Verfolgung der polnischen Bevölkerung durch das Nazi-Regime. Mit Sicherheit stellt dies das dunkelste Kapitel deutsch-polnischer Geschichte dar, viele Gedenkstätten zeugen heute davon: Auschwitz, Majdanek, Treblinka. Aber bereits früher musste Polen leidvolle Erfahrungen mit seinem westlichen Nachbarn machen, so zum Beispiel in den langjährigen Auseinandersetzungen mit dem Deutschen Orden bis zur historischen Schlacht bei Tannenberg 1410. Ab 1772 annektierte das preußische Königreich zusammen mit Österreich und Russland immer mehr Teile Polens, bis schließlich 1795 Polen auf der Landkarte nicht mehr existierte und seine nationale Souveränität erst 1918 wieder erlangte. Trotz massiver Repressalien, wie zum Beispiel durch die von Bismarck vorangetriebene Politik der Germanisierung, die unter anderem durch das Verbot der polnischen Sprache auf die Verdrängung polnischer Kultur zielte, hielt das Volk während der langen Zeit der Fremdbesatzung an seiner nationalen Identität fest.

Es ist wichtig, sich diese Ereignisse im Bewusstsein zu halten, auch wenn in konkreten Begegnungen von polnischer Seite gegenüber Deutschen selten Vorwürfe oder Ressentiments direkt geäußert werden. Das historische Gedächtnis hat weniger Einfluss auf den direkten, individuellen Umgang miteinander, wohl aber auf die Einstellung zu Deutschland als Nation und auf die Beurteilung nationalpolitischer Prozesse. Betrachtet man die historischen Entwicklungen im Ganzen, so ist es kaum verwunderlich, dass viele Polen der deutschen Vereinigung 1989 skeptisch gegenüberstanden und sich Angst vor einer neuen deutschen Übermacht regte. Das Bild eines angriffslustigen, nach Macht strebenden Deutschlands hatte sich über Jahrhunderte tief eingeprägt.

Die Vergangenheit in der Gegenwart: Auch aktuelle Ereignisse spiegeln die große Sensibilität vieler Polen im Umgang mit ihrer Geschichte wider. Seit einigen Jahren steht die Diskussion um die Einrichtung eines Zentrums gegen Vertreibungen im Mittelpunkt des öffentlichen Interesses in Polen, das nach Ansicht des deutschen Vertriebenenbundes in Berlin errichtet werden sollte. Was in Deutschland kaum zur Kenntnis genommen wird, sorgt in Polen für höchsten Unmut und findet sich immer wieder auf den ersten Seiten bedeutender Tages- und Wochenzeitschriften. Aus der Sicht einer Nation, die während und nach dem Ende des Zweiten Weltkriegs massenhaft Vertreibungen erlebte – in weitaus größerem Maße als die Deutschen in den ehemaligen Ostgebieten des Dritten Reiches – erscheint die Planung einer Gedenkstätte im Zentrum des ehemaligen Aggressorlandes als eine Verharmlosung und Umkehrung der Täter-Opfer-Frage. Ein anderer viel diskutierter Punkt ist der geplante Bau der deutsch-russischen Gaspipeline durch das Baltische Meer. Viele Polen erinnert diese Kooperation an die folgenschwere Allianzen zwischen Deutschland und Russlands wie bei den polnischen Teilungen 1772–1795 oder dem Überfall auf Polen 1939. Erneut wird das

Land von den beiden großen Mächten übergangen, aus polnischer Sicht eine unselige Wiederholung von Ignoranz und Unrecht. Der polnische Premierminister Lech Kaczyński stellte in einem ersten Interview kurz nach seiner Wahl im Oktober 2005 gerade diese beiden kritischen Aspekte – das Zentrum gegen Vertreibungen und die deutsch-russische Gaspipeline – bei der Bewertung der aktuellen deutsch-polnischen Beziehungen in den Mittelpunkt (ARD, 2005), sicherlich zur Verwunderung vieler Deutscher, die vermutlich zum ersten Mal derartige Bedenken hörten. Die historische Brisanz dieser und vieler anderer deutsch-polnischer Themen ist in Deutschland kaum bewusst, eine Tatsache, die von polnischer Seite oft beklagt wird. Die deutsch-polnischen Beziehungen sind immer noch ein sensibler Bereich, der besonders von deutscher Seite aus mit Respekt, Verständnis und Zurückhaltung angegangen werden muss.

Die Annäherung beider Nationen, die durch eine leidvolle Geschichte miteinander verbunden sind, hat allerdings mit der Versöhnungsbotschaft der polnischen Bischöfe »an ihre deutschen Brüder in Christus« 1965 und der Denkschrift der Evangelischen Kirche Deutschlands im selben Jahr auch entscheidende Fortschritte gemacht. Legendär wurde auch der Kniefall Willy Brandts 1970 vor dem Denkmal der Aufständischen des Warschauer Ghettos. In den achtziger Jahren beeinflusste die polnische Oppositionsbewegung »Solidarność« das Schicksal Deutschlands entscheidend, als sie den Zerfall des Kommunismus einläutete und so den Weg zur deutschen Einigung ebnete. Vielen Polen ist noch die umfangreiche Pakethilfeaktion in Gedächtnis, die während des Kriegszustandes von deutschen Organisationen ins Leben gerufen wurde. Später wurde Deutschland zum einem wichtigen Fürsprecher Polens während der EU-Beitrittsverhandlungen. Das politische und gesellschaftliche Leben beider Länder ist somit enger miteinander verwoben, als es vielen bewusst ist.

Viele Einzelpersonen – Polen und Deutsche – haben sich um die deutsch-polnische Verständigung verdient gemacht, so zum Beispiel Karl Dedecius, Günter Grass, Władysław Bartoszewski oder Gesine Schwan, die alle wichtige Impulse für die Annäherung beider Länder setzten. Insbesondere auf privater oder kommunaler Ebene sind die deutsch-polnischen Beziehungen bereits wesentlich weiter fortgeschritten als auf nationalpolitischer. Durch den Einsatz nichtstaatlicher Organisationen wie dem Deutsch-Polnischen Jugendwerk, zahlreichen deutsch-polnischen Instituten, Verbänden und Kulturvereinen, aber auch durch Städtepartnerschaften und regionale Wirtschaftsbündnisse konnten neue Räume für Kooperationen und für die Förderung gegenseitigen Verständnisses entstehen. Wenn hier Deutsche in verantwortungsvollen Positionen ihren polnischen Partnern mit Respekt und einem hohen Maß an Sensibilität entgegentreten, gelingt die deutsch-polnische Verständigung und führt zu einer für beide Seiten erfolgreichen Zusammenarbeit.

Literaturempfehlungen

Bingen, D., Loew, P. O. (2004). Polen: Kurze Geschichte einer langen Geschichte. Darmstadt: Justus von Liebig.
Anschauliche und übersichtliche Zusammenstellung der wichtigsten Daten und Ereignisse polnischer Geschichte.

Dittert, A. (2006). Palmen in Warschau. Geschichten aus dem neuen Polen. München: Heyne.
Die langjährige ARD-Korrespondentin in Warschau berichtet mit großer Beobachtungsgabe über ihre Begegnungen mit Land und Menschen. Eine unterhaltsame Entdeckungsreise durch das heutige Polen.

Katholische Akademie Bayern (2006). Nachbar Polen. Zur Debatte, Nr. 01/2006, 30–39.
Aktuelle Einblicke in die deutsch-polnischen Beziehungen unter Berücksichtigung neuerer politischer und gesellschaftlicher Entwicklungen. Beiträge von Gesine Schwan, Dorota Simonides, Wlodzimierz Borodziej u. v. a.

Szczypiorski, A. (1988). Die schöne Frau Seidenman. Zürich: Diogenes.
Um die Jüdin Irma Seidenman aus der Gestapohaft zu befreien, setzen ihre polnischen Freunde List und Ideenreichtum ein … Ein preisgekrönter Roman über die Warschauer Bevölkerung zur Zeit der deutschen Okkupation, in dem sich unter anderem die Bedeutung von Beziehungsnetzwerken und die Widerstandsbereitschaft gegenüber einer übermächtigen Obrigkeit widerspiegeln.

Wojciechowski, K. (2002a). Knigge für deutsche Unternehmer in Polen. Frankfurt/Oder: Industrie und Handelskammer.
Eine kurze Informationsbroschüre mit Verhaltenstipps für deutsche Manager. Zu beziehen über die IHK Frankfurt/Oder.

Literatur

ARD (2005). Die Tagesschau: Wahl in Polen. Sendung vom 24.10.2005, 20:00 Uhr.

Bingen, D. (1999). Die Republik Polen. Eine kleine politische Landeskunde. München: Olzog.

Boski, P. (2003). Polen. In A. Thomas, S. Kammhuber, S. Schroll-Machl (Hrsg.), Handbuch Interkulturelle Kommunikation und Kooperation, Band 2: Länder, Kulturen und interkulturelle Berufstätigkeit (S. 120–134). Göttingen: Vandenhoeck & Ruprecht.

Casanova, J. (2003). Das katholische Polen im nachchristlichen Europa. Transit – Europäische Revue, Nr. 25/2003. Frankfurt am Main: Neue Kritik.

Davies, N. (2002). Im Herzen Europas. Geschichte Polens (3. Aufl.). München: Beck.

Dünstl, S. (2005). Erhebung polnischer Kulturstandards aus der Sicht deutscher Fach- und Führungskräfte. Regensburg: Unveröffentlichte Diplomarbeit.

Eurostat Online Datenbank (2005). Datenbank neue EU-Mitgliedstaaten. Daten nach Ländern: Polen. Download unter: http://www.eu-datashop.de/de/database/nms_pl.php?th = 1&k = 8 (Stand: 13.12.2005).

Fischer, K. (2006). Entwicklung eines Trainingsinstruments zur Vorbereitung deutscher Fach- und Führungskräfte auf die Zusammenarbeit mit polnischen Partnern. Regensburg: Unveröffentlichte Diplomarbeit.

Halmann, L. (2003). The European values study: a third wave (Elektronische Ressource). Tillburg: WORC.

Jopek, S. (2003). Polen. In M. Spieker (Hrsg.), Katholische Kirche und Zivilgesellschaft in Osteuropa. Paderborn: Schöningh.

Thomas, A. (2003). Psychologie interkulturellen Lernen und Handelns. In A. Thomas (Hrsg.), Kulturvergleichende Psychologie (2. erw. und überarb. Aufl., S. 433–486). Göttingen: Hogrefe.

Thomas, A., Layes, G., Kammhuber, S. (1998). General intercultural sensitizer für Soldaten in der Bundeswehr. In: Untersuchungen des Psychologischen Dienstes der Bundeswehr. Bd. 33. München: Verlag der Wehrwissenschaften.

Wojciechowski, K. (2002b). Meine lieben Deutschen. Berlin: Westkreuz.

Zagórski, K., Roguska, B. (Eds.) (2004a). Polish Public Opinion. February 2004. Download unter: http://www.cbos.pl/PL/Opinia/2004/02_2004.pdf (Stand: 13.12.2005). Warschau: Public Opinion Research Center (CBOS).

Zagórski, K., Roguska, B. (Eds.) (2004b). Polish Public Opinion. May 2004. Download unter: http://www.cbos.pl/PL/Opinia/2004/05_2004.pdf (Stand: 13.12.2005). Warschau: Public Opinion Research Center (CBOS).
Zagórski, K., Roguska, B. (Eds.) (2005). Polish Public Opinion, May 2005. Download unter: http://www.cbos.pl/PL/Opinia/2005/05_2005.pdf (Stand: 13.12.2005). Warschau: Public Opinion Research Center (CBOS).